元写作

学校里没教的写作方法

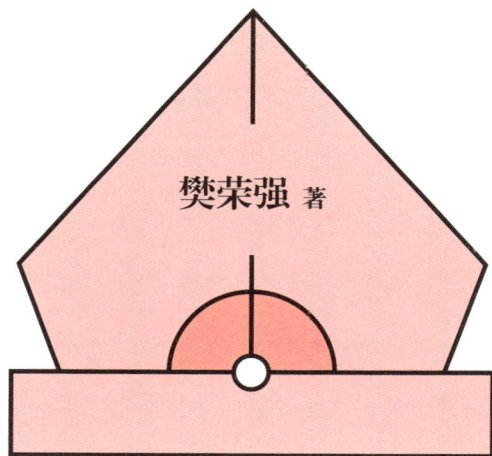

樊荣强 著

台海出版社

图书在版编目（CIP）数据

元写作：学校里没教的写作方法 / 樊荣强著．—
北京：台海出版社，2024.1
ISBN 978-7-5168-3652-1

Ⅰ．①元… Ⅱ．①樊… Ⅲ．①作文课－中学－教学参
考资料 Ⅳ．① G634.343

中国国家版本馆 CIP 数据核字（2023）第 182009 号

元写作：学校里没教的写作方法

著　　者：樊荣强

出 版 人：蔡　旭　　　　　　　　封面设计：刘红刚
责任编辑：王　萍

出版发行：台海出版社
地　　址：北京市东城区景山东街 20 号　　邮政编码：100009
电　　话：010-64041652（发行、邮购）
传　　真：010-84045799（总编室）
网　　址：www.taimeng.org.cn/thcbs/default.htm
E - mail：thcbs@126.com

经　　销：全国各地新华书店
印　　刷：凯德印刷（天津）有限公司
本书如有破损、缺页、装订错误，请与本社联系调换

开　　本：710 毫米 ×1000 毫米　　　　1/16
字　　数：192 千字　　　　　　　　印　　张：16
版　　次：2024 年 1 月第 1 版　　　　印　　次：2024 年 1 月第 1 次印刷
书　　号：ISBN 978-7-5168-3652-1
定　　价：56.00 元

阅读《元写作》的十大理由

* 《元写作》是每个人解决写作难题的必读书。

* 不懂元写作的人，永远会觉得写作很痛苦。

* 《元写作》解决写作的三大根本难题，从此觉得写作如此简单。

* 元写作是一种基本的生存能力，它能够让你的人生有更多机会。

* 在升学、就业、创业等人生的关键时刻，会写作的人更容易成功。

* 元写作不仅是一种写作方法，更是一种高效的思维方式。

* 会写作的人，可以通过别人不具备的表达方式来凸显自己。

* 学会元写作，可以通过著书立说来让自己的思想传播得更久远。

* 写作总是伴随着深度思考，能使你明辨是非，深刻独特。

* 元写作能让你轻松地通过文字来抒发情感，让生活更有趣味。

读者评论

"樊老师教的写作方法，有种四两拨千斤的感觉。"

2015年12月1日，我在网络写作平台"简书"上发表了一篇6000多字的文章《我30多年的写作秘诀首次公开》，至今有近十万的阅读量，算是简书上的一篇爆文。

这是我第一次发表关于写作技巧方面的文章，反响超出预期，可谓好评如潮。正因为受到这种"好评如潮"的激励，加上一些读者的要求，我于2016年开始了线上与线下的写作培训——人生就是如此偶然。

下面是网络上一些读者与学生真实的评论和留言：

WadeWu：我是回来感谢樊老师的，樊老师的钻石法则和问答思维，尤其让我受益匪浅。上星期语文考试，作文我拿了年级最高55分，作为高三学生，非常感谢。

飞行家：樊老师对这个"空—雨—伞"法的解释真是太透彻了。我买过日本麦肯锡前员工写的书，都没有把这个方法讲得如此透彻，甚至包括大前研一，都没有把这个方法讲明白。更为绝妙的是，这个方法竟然和樊老师的三个元问题的结构如出一辙。而相比而言，樊老师的方法更加易于理解和应用。问答思维确实是一个精妙的体系。我家那些挂羊头卖狗肉的麦肯锡的书，可以扔掉了。

无常的精彩：对我来说实在是太重要了，我现在高二还有时间好好练！

小雨点：作为一个高考生，看到笔者能自由地写作真的是太幸福了。希望能对高考作文有所帮助吧！

手机不在身边：很实用，对于非文学专业的人来说，掌握这些技巧能解决很多写作的问题，谢谢！

书香落地：高手果然是高手！

哲轩：樊老师教的写作方法，有种四两拨千斤的感觉。高手都是用极简的话解释特别复杂的概念。我之前看过一些写作理论，看得越来越晕，但是樊老师的"问答思维"，极其简单，再看别人文章时，非常容易理解作者的构思。

钟一直在走：钻石法则，一语中的，好像突然有点开窍了。

心随时转：对于一个作文写得一塌糊涂的中学生来说简直是天赐福音！

独孤游侠：您应该称得上是老师的老师，授业是为解惑，很多老师越讲越让学生迷惑。推崇您的写作秘诀！对我写作很有帮助。

天心皓月：樊老师您好！我现在就在尝试用您的这种立题的思维方式来进行写作。在结构方面主要是用您说的钻石法则，我觉得挺好用的。就像一个钥匙一样，将我这20多年来积累的一些知识，给它打开了！就像水库里面的水，在闸门打开的那一瞬间，全部都给它喷发出来了！

倒立的笔杆：精辟，把一些看似简单的东西讲明白了，很多时候就是那种看似简单的道理让人难以实施行动，因为没有思维方式和观察方式去分解这种"简单的道理"。

坚韧的路：真心不错，我会打印后让女儿好好研读。

米朵a：平时都是想到什么写什么，没想那么多，这篇文章真是涨知识了。

作家威少：刚好我可以运用到大学英语论文中去，谢谢啦！

剑痕飞雪：原谅我轻松地获得了你三十年的经验，不过我会努力学习你的经验的，并加以自己的理解去融会，希望将来的自己也能写得出好的文章。听君一席话，胜读十年书；更似闻君六经验，力行一生厨。

遇见苏小州：很不错，感觉送给大家一部宝典，或者一本秘籍。

一川烟雨007：很实用，很有指导性，高度浓缩概括了如何写作的精髓，谢谢您的分享。

参考答案及解析：樊老师您太厉害了，写出了很多不一样的观点，跟那些抄别人观点的"干货"太不一样了。现在很多所谓的作家写出来的东西，根本没有解决任何问题，无病呻吟罢了。连模板化的"是什么—为什么—怎么办"都比他们强。您的文章让我受益匪浅，感谢分享。

曼谷蟹先生：OMG，看了樊老师的文章后，我觉得小时候上过的校外写作课都白上了。

漂亮的浪里小白龙：赞同作者大大的说法，以后写作妈妈再也不用担心了。

曾格格：如醍醐灌顶，茅塞顿开，一边看一边做笔记，学习了，谢谢您。

胡艺：太棒了，自从接触樊老师元写作方法，思路一下子打通了，以前感觉写文章好难，现在轻轻松松写出结构清晰的文章。最近买了樊老师两本书，很棒！！

黑May梅晓云：谢谢这篇文章，对我太有启发了，尤其是关键词法、"四圣谛"法、问题链法等方法。正好在构思一篇如何自我模仿的文章，今天就来尝试一下关键词和关键问题。再次感谢，你已成为我的重点关注对象。

山水性情：学习就是要多接触原创性的东西，这样的知识才是宝贝，含金量高，值得反复品味，反复研习。我一直敬重原创。

读书的小叮当：文章真的可称为写作秘诀，绝对是一线高手几十年的经验总结。拜读学习！

茶君：很棒的教科书式秘籍。

冬夜渐暖：实实在在的方法论，可操作性比较强，对我启发还挺大的。

杨激辉：雪中送炭，万分感谢。

谭修竹：满满的干货，让人受益匪浅。谢谢老师的无私分享。您做了件功德无量的事。

15楼的记忆：这才是真正引导大家写作入门的好文章，非常受益。谢谢樊老师。

阳光少年时代：对于新手来说，樊老师的分享犹如黑夜的灯火，照亮前行的路，不迷路。

风雨兼程：我一直感觉自己的文章进入了瓶颈，出不来，樊老师的文章让人醍醐灌顶。

打开写作之门的金钥匙

　　荣强兄发来《元写作》的小样，嘱我写序。三番五次推辞未成，勉力为之。

　　这本书最大的特点是实用、简洁。

　　我是记者，也算是和文字打了一辈子交道的写作者。在没有接触元写作概念之前，似乎写作时也没想那么多的"套路"，但运用本书的一些理论来分析，每一篇文章都在这个理论框架之内。这就是作者的过人之处，这也是元写作理论与方法在前期的实践中大受欢迎的原因吧！

　　把复杂问题简单化，透过现象看本质，既是写作的诀窍，也是本书的诀窍。

　　《元写作》的实用性最突出的一点是针对中学生（也可以是其他的写作者）在写作中的困境，通过简单直接的思考和路径，能够直接快速地打开写作之门，提高写作水平。我相信运用元写作方法达成写作梦想绝不是问题。

　　本书的简洁除了文字、结构简洁之外，理论、逻辑也很简单明了，没有废话。相信读者朋友通过阅读本书就能掌握元写作的基本密码，迈上新的台阶。

　　本书主体部分讲元写作的概念和基本技巧，附录部分是按照元写作的理论对一些名篇和习作进行逐篇的分析、点评，更加直观，也更能掌握写作的技巧。

我和荣强兄相识20多年，最初也是因为文字和写作相识，我是报社编辑，他是作者。后来他走南闯北，从事多种职业，但似乎一直也没有离开写作，用他自己的话说是"卖文为生"，其实更多是传道、授业、解惑。能够把校园里没教的作文方法总结出来写成书，这是一种本事，更是一种情怀。

江波

重庆市新闻媒体作家协会主席，高级记者

2023年7月10日

· 序 二 ·
真心英雄樊荣强

　　时光倒退到20世纪90年代。那时，广东史上最牛！改革热土，开放前沿，全国向往，世界瞩目。只要你是，或自以为是高人、牛人，怀才不遇，英雄失路——辞职，去广东！于是，一大批来自五湖四海的各路英雄人物、豪杰之士，就在广东——主要是珠江三角洲地区翻江倒海，龙腾虎跃起来了。英雄人物樊荣强，就是其中我所认识，且任凭时光流逝总也挥之不去的一位"真心英雄"。

　　一日，朋友说有个好友要出本书，我如约来到一所大学的一块草坪，这是我第一次结识樊荣强。在一个当时同质化很强的社会里，他首先长得就很"差异化"：麻秆般瘦高的身材，头扁扁的，嘴巴宽宽的，架一副金边眼镜，颇"卡通"似的；再看他马鬃般左右飘荡的头发，长长地束在脑后，一直披到腰间，染没染我记不清了，一副雅皮士艺术家的派头；若与他的整个面相配合起来看，再映衬着那片草坪上的碧草蓝天白云，谁说我不是偶遇到了一位仙风道长呢……强烈的视觉刺激让我一下子，不，永远就记住了这个人。

　　以后的岁月，从作者、合作者，到朋友，到兄弟，从"英雄所见略同"，到惺惺相惜、互相鼓励、彼此挂念，不管在哪里，只要有机会，必要相约见上一面，抵足长谈一番。

　　樊荣强在我这里出的第一本书是《杰出的顺德人》，第二本是《顺德制造》。那时广东的顺德可不得了，全国人民所用的名牌家电几乎都来自顺德，"可怕的顺德人""顺德制造"等口号响遍天下。大家只知道喊，真正深入研究这些口号蕴藏的深刻含义并以书的形式总结记录下来的只樊荣强一人，足见其善思、精明、敏捷、深厚。

这两本书畅销一时，一下子使一个大胆探索、只干不说、求真务实的顺德、顺德人精神名扬天下了，而樊荣强亦无可争议地成为顺德乃至整个珠三角区域的"发言人"。这些书与他随后出版的《珠江三角洲批判》等一些著作和专栏文章，在以后的许多年中被各类报刊大量转载、摘录、引用甚至抄袭、盗版，以致后来学人凡要研究述说珠三角者，必先参阅樊荣强的大作不行。不参阅则罢，一参阅却又有"眼前有景道不得，崔颢题诗在上头"之慨。

一个外来人，短短几年就成为中国最发达、最富有、最热议地区的知名评论者，真是"不是猛龙不过江"啊！风从虎，云从龙。一时间，樊荣强在广东著名的企业做宣传营销，在广州的权威经济杂志做首席记者，在自己的公司做策划兼撰稿，坐言起行，风生水起，风风火火，广东的上空不时回响着他的声音。

突然一段时间，我发现，广东上空那个熟悉的声音消失了。他告诉我，回重庆了。不久，我听到，在中国的西南方向，重庆区位的上空，出现了一个"口力劳动者"的高声强音。原来，他转型做了一个培训师，专门教人讲话和写文章，并陆续出版了《20天练成脱稿讲话》等几本关于演讲与口才方面的力作。教人脱稿说话居然做成一个产业，做得像在广东一样风生水起，我佩服不已。据说经他培训点拨过的学员，个个能说会道。

而此次推出的《元写作》一书，他精心总结了阅读它的"十大理由"，我也"精心"地阅读了他的这"十大理由"，竟然没有一个不赞同。例如他说："元写作是一种基本的生存能力，它能够让你的人生有更多机会。""在升学、就业、创业等人生的关键时刻，会写作的人更容易成功。""会写作的人，可以通过别人不具备的表达方式来凸显自己。""写作总是伴随着深度思考，能使你明辨是非，深刻独特。""元写作能让你轻松地通过文字来抒发情感，让生活更有趣味。"看，从生存到生活，从就业到创业，从苟且到诗和远方，似乎都与他的《元写作》有关——那么，就让我们来细细读一读这个新鲜出炉、热乎乎的《元写作》吧，看看读过后的人生是否真的不一样。

李远谋

资深媒体出版人，诗人，作家，广州市越秀区作协副主席

2023年7月5日，卧雪斋，广州

写作的底层密码

在我看来，《元写作》这本书有三大特点：

一、通俗易懂。真佛只说家常话，樊老师的思想非常深刻，但他写的内容却特别通俗易懂。读他的书，你可以消化得很快，并大概率会有"酣畅淋漓"之感。

二、直击本质。樊老师特别有诚意，他分享的这些内容，都是很有参考价值的写作的底层密码，可以帮你少走很多弯路。毫不夸张地说，这本书真正做到了"一本顶十本"。

三、惊喜够大。书中有一部分内容令我感到特别惊喜——樊老师为了帮助大家更好地掌握写作方法，他在书中精妙地解读了很多经典文章的写法。光是这一部分内容，就足以让很多读者朋友醍醐灌顶。

樊老师从事表达教学多年，功力极其深厚，社会口碑极好，能读到他的写作宝典，我们是非常幸运的！

是为序。

剽悍一只猫

《一年顶十年》作者，第六届当当影响力作家

2023年5月10日

妈妈，我再也不害怕写作文了

一、可怕的事实：绝大多数同学都害怕写作

我经常在各种不同对象的培训课堂上，问同样一个问题："各位同学，觉得自己文章写得不错的，请举手。"结果是，举手的人一般不会超出5%，甚至会低于1%。

写作对许多人来讲，都是一件困难的事情。虽然我们从小学就开始学习写作，一直学到大学毕业，工作之后还写过不少的文章，但是，无数的人依然对写文章深怀恐惧。

对于写作，我小学、初中时都感觉比较困难。为了逃避这个困难，小学三年级曾经抄了自己二姐的作文，没想到竟获老师的表扬。这是个令人尴尬的表扬，我一辈子都忘不了。

在17岁的时候，我就开始在报纸上发表文章，依然感觉很困难。

我曾经所面对的困难，与各位同学的困难是普遍一致的：缺乏思路，拼凑数字；思路飘浮，跑题偏题；结构混乱，没有章法……

我很幸运。小时候的"作文困难户"，长大后居然可以"卖文为生"。

我在政府机关当秘书，在电视台做策划，在传媒集团做营销，在杂志社当记者，在高科技公司任高管，很多时候我都靠写作在挣钱、挣影响力。

而这一切，靠的就是"元写作"！

二、为什么学了这么多年，还是怕写文章？

常言道，教育要从娃娃抓起。我认为，作文教育更要从娃娃抓起。

只可惜，事实上没能从娃娃抓起来。许多成年人觉得写文章非常困难，甚至一辈子都没有解决写作难题，这是中小学教育留下的缺憾。

因此，我们一定要反思，为什么小学、初中、高中、大学都在教我们写作，但是仍然有那么多的人，视写作为一件很困难的事情？

我曾经分析过这个问题。我认为主要原因有三：

一是理念偏差。也许是受传统文化的影响，作文过于注重文学色彩，以至于作文教育的目标，仿佛是为了让大家成为作家，去拿个诺贝尔文学奖。而事实上，有多少人有文学梦呢？有多少人想去当作家呢？更多的人是需要写好实用性的文章。

二是老师失职。由于各种原因，许多老师并不是因为想做老师、爱做老师而成为老师。他们当老师只是生活所迫、命运的安排。部分语文老师，虽然教写作，可他们并不喜欢写作，平时也不会写作，更没有总结写作的方法。

三是方法缺失。纵观学校的作文教育，几十年如一日所教的那些记叙文、说明文、议论文的方法技巧，为什么没有让大多数人觉得写文章是件简单的事情呢？显然，还有更为关键的写作之道。老师没有教给学生，学生当然也没有学到。

三、中小学生作文的难点，如何破解？

要解决中学生作文的困难，首先要找准难点所在。我在前文中提到，中小学生作文的三大难点：缺乏思路，拼凑数字；思路飘浮，跑题偏题；结构混乱，没有章法。其实，这三大难点对成年人写作而言也普遍存在。

为解决以上难点，我在从事学生作文培训和成人写作培训中，主要传授我所总结的"元写作"理论与方法。"元写作"的核心观点如下：

其一，写作不依赖灵感而依靠思考。思考=提问—回答，这个公式化的定义是"元写作"理论的基石。作文教育首先要教学生激发思路而不是等待灵感，不会在拿到一个题目之后，因为在有限的时间内写不出规定字数，而陷于拼凑字数的困境。激发思路最有效的工具是"问答思维"，写作的过程就是不断自问自答的过程。

其二，写作就是在回答各种形式的"元问题"。所谓"元问题"，就是基本问题、根本问题。所有的问题其实都可以还原为"是什么""为什么""怎么办"这三种类型的"元问题"。学会思考、学会写作，首先就得学会针对写作的话题提出系统的、具体的、有价值的、不同形式的问题。

其三，写作必须将各种问题与答案进行恰当组合。这就是所谓文章的"谋篇布局"。对于绝大多数学生而言，"谋篇布局"都是一件很困难的事情。而事实上，当你把写作视为自问自答，即回答各种形式的"元问题"的时候，文章整体的结构、材料的取舍、叙述的顺序与表达的重点，这四个"谋篇布局"的关键问题就迎刃而解了。

（本序言采用了"三元法则"来构思，供读者参考）

三 元 法 则

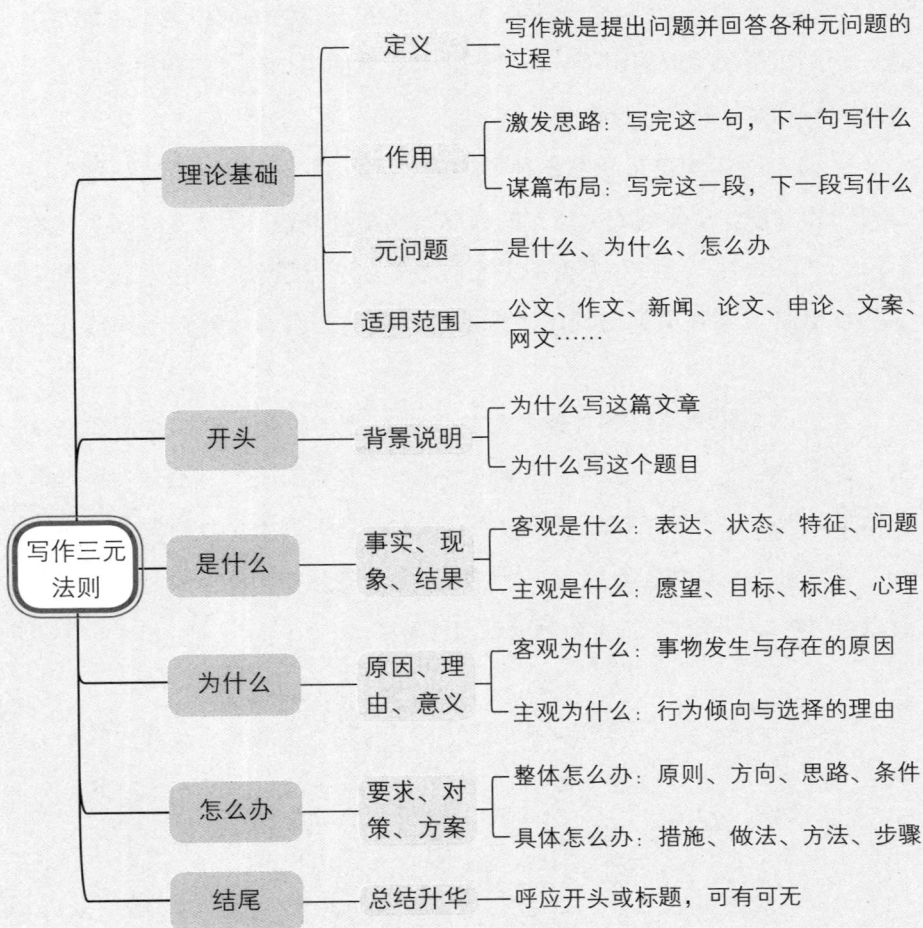

写作三元法则

- 理论基础
  - 定义 —— 写作就是提出问题并回答各种元问题的过程
  - 作用
    - 激发思路：写完这一句，下一句写什么
    - 谋篇布局：写完这一段，下一段写什么
  - 元问题 —— 是什么、为什么、怎么办
  - 适用范围 —— 公文、作文、新闻、论文、申论、文案、网文……
- 开头 —— 背景说明
  - 为什么写这篇文章
  - 为什么写这个题目
- 是什么 —— 事实、现象、结果
  - 客观是什么：表达、状态、特征、问题
  - 主观是什么：愿望、目标、标准、心理
- 为什么 —— 原因、理由、意义
  - 客观为什么：事物发生与存在的原因
  - 主观为什么：行为倾向与选择的理由
- 怎么办 —— 要求、对策、方案
  - 整体怎么办：原则、方向、思路、条件
  - 具体怎么办：措施、做法、方法、步骤
- 结尾 —— 总结升华 —— 呼应开头或标题，可有可无

目　录

导　言　元写作解决作文的哪些问题

第一章　思维：通过元思维来激发思路

第一节　思考的定义 // 12

第二节　奇妙的"问答思维" // 13

第三节　叙述体与问答体 // 17

本章重点 // 20

第二章　思路：不同层次与方向的思路

第一节　什么叫思路 // 22

第二节　横向思考与纵向思考 // 24

第三节　整体思路的延续 // 26

第四节　具体思路的延续 // 28

本章重点 // 30

第三章　方向：必须掌握基本提问方向

第一节　常用的关键问句 // 32

第二节　重要的提问方向 // 35

第三节　如何连贯提问 // 45

本章重点 // 54

第四章　逻辑：逻辑性究竟靠什么获得
　　第一节　逻辑究竟是什么 // 56
　　第二节　逻辑标准之一：有条理 // 57
　　第三节　逻辑标准之二：有关联 // 59
　　第四节　逻辑标准之三：有重点 // 61
　　本章重点 // 64

第五章　聚焦：通过立题防止跑题偏题
　　第一节　立题 // 66
　　第二节　立题的类型 // 69
　　第三节　立题与答案的对应 // 73
　　本章重点 // 77

第六章　框架：用钻石法则来搭建框架
　　第一节　为什么要有框架 // 80
　　第二节　钻石法则 // 84
　　第三节　常见的框架结构 // 88
　　本章重点 // 92

第七章　概括：提炼要点以及清晰表达
　　第一节　归纳、提炼、概括 // 94
　　第二节　概括的方法 // 99
　　第三节　打造金句 // 103
　　本章重点 // 109

第八章　分析：非常实用的分解分类法

　　第一节　分析究竟是什么 // 112

　　第二节　分析的主要方法 // 114

　　第三节　分析的三种运用 // 120

　　本章重点 // 126

第九章　事实：要从事实陈述开始写作

　　第一节　什么是"是什么" // 128

　　第二节　怎么问"是什么" // 134

　　第三节　怎么回答"是什么" // 141

　　本章重点 // 148

第十章　原因：为什么要学会讲"为什么"

　　第一节　什么是"为什么" // 150

　　第二节　怎么问"为什么" // 156

　　第三节　怎么回答"为什么" // 164

　　本章重点 // 168

第十一章　方法：所有问题都指向"怎么办"

　　第一节　"怎么办"在问什么 // 170

　　第二节　"怎么办"的类型 // 171

　　第三节　"怎么办"的问答策略 // 177

　　本章重点 // 186

第十二章　套路：经典谋篇布局的结构方法

　　　　　　第一节　"空—雨—伞"法 // 188

　　　　　　第二节　"四圣谛"法 // 191

　　　　　　第三节　ORID 法 // 192

　　　　　　第四节　胡适法 // 194

　　　　　　第五节　辩证法 // 195

　　　　　　第六节　六顶帽子法 // 196

　　　　　　第七节　"SPIN 法则" // 198

　　　　　　本章重点 // 200

附　　录　文章解读

　　　　　　说　明 // 204

　　　　　　敬业与乐业 // 205

　　　　　　济南的冬天 // 214

　　　　　　不求甚解 // 218

　　　　　　伤仲永 // 223

　　　　　　再别康桥 // 226

后　记

元写作解决作文的哪些问题

一、一棵树说清楚作文三大基础

在讲如何写文章之前，首先要讲一讲写作的三大基础，即思想、修辞与思路。说它们是基础，是因为如果把一篇好文章视为一座大楼，那就必须夯实这三个方面，好文章这座大楼才能立得起来。

三大基础也可以说是三大标准，因为它们也是检验文章好坏的三个基本方向。我们不妨把一篇文章比喻为一棵树，树根就是思想，树叶就是修辞，枝干就是思路。

1.思想——树根

思想像树根一样，是隐性的，树根埋在地下，思想藏在字里行间，不识字或者理解能力差的人，看不懂一篇文章的思想。

文章是传达思想的。如果一篇文章没有思想，就空洞无物，没有价值，就不会有人喜欢，就不会流传久远。当然，思想是什么，有些人也不知道。所谓思想，就是独到、深刻、颠覆、普遍而且有价值的观点。

如何衡量文章有思想，我有一个简单的方法，就是看它的时间与空间属性如何。通俗来讲，就是看涉及人数的多少与时间的长短。比如，你想的是今天晚上吃什么饭，这就没有那么有思想；如果你想的是，乡下的许多穷孩子怎么才能吃饱饭，这就很有思想。因为你想的不是自己的事，而是心系天下。

不过，可以把思想的含义定得宽泛一些，比如写一篇科普文章，或者写一篇关于摄影技巧的文章，有什么很深刻的思想吗？大约是没有的。在这个时候可以把"思想"换成"内容"，也就是说，写文章一定要向读者传递有价值的内容，包括知识、信息、情感、态度、观点、方法等，做到言之有物。

不论思想还是内容，都不属于写作课要传授的，而要通过读万卷书、行万里路，需要和很多人打交道，需要自己爱思考等，从而获得属于自己的思想和内容。

2.修辞——树叶

修辞的本义是修饰言论，也就是利用多种语言手段以收到尽可能好的表达效果。这里的修辞定义比较宽泛，也可以说是有文采，包括：字、词、句的积累，语法和修辞手法的运用等。

孔子说："言之无文，行而不远。"这话的解释有很多种，简单来说就是：文章或讲话不讲究修辞，没有文采，就流传不远。

修辞就像树叶，是读者可以最直观看见的东西，树叶的形状、颜色越好看，就越惹人喜欢，因此，修辞主要是为了解决文章的可读性问题。即使思想内容有价值，如果缺乏可读性，文章所产生的影响也可能大打折扣。

不过修辞也不属于写作课的内容。一方面，以前语文课堂上老师已经教过修辞了。另一方面，学好修辞并不等于会写文章。正如梁启超先生在《作文法》一书中说：

文章不过是将自己的意思，传达给别人，能达便是文章。文章一部分是结构，一部分是修辞，前者名文章结构学，后者名修辞学。文章好不好，以及能否感人，在乎修辞。不过修辞是要有天才，教员只能教学生写文章，不能教学生写好文章。孟子说得好："大匠能予人以规矩，不能使人巧。"世间懂得规矩而不能巧者有之，万万没有离规矩而能巧者。

梁先生还说：

所能教人的只有规矩。现在教中文的最大毛病便是不言规矩，而专言巧。从前先生改文只顾改词句不好的地方，这是去规矩而言巧。所以中国旧法教文，没有什么效果。

3.思路——枝干

思路就像树干和树枝，相比来说更像树枝，由于树叶的遮掩，它若隐若现，若明若暗。从读者的角度看，有些文章的思路容易辨识，有些文章的思路不易辨识，尤其是看那些所谓"形散而神不散"的散文，以及思路混乱的文章。对写作而言，思路解决的是思想与修辞的连接问题，就像枝干把树根与树叶连接起来一样。

思路包括三个方面，一是思路的寻找，也就是想写的是什么；一是思路的激发，也可叫"具体思路"，也就是如何安排语言文字；一是思路的整理，也可叫"整体思路"，也就是语言文字的组织。

关于如何寻找思路，其实是传统作文法讨论的立意问题，这关乎作者的阅历、知识、立场、习惯、目标与思想，这不属于我想要讲的内容。

关于如何打开思路，生成语言文字，"具体思路"是绝大多数写作课都没能解决的问题，而我后面将要传授给大家的"问答思维"就是解决这一问题的有效的工具，绝对超越人们普遍的认知。此处暂且按下不表。

关于如何整理思路，组织语言文字，"整体思路"所需的工具是逻辑。所谓逻辑，解决的是文章的起点、方向、延展、顺序、结构、框架、条理、取舍等问题，换一个说法就是解决"谋篇布局"的问题。

人的思绪是网络状的，或者称其为立体状的，而写成文章，必须变成线性的，必须沿着一条有先后顺序的线路，一句一句地写出来。文章不可能是句子的任意堆砌。如果思想是珍珠的话，逻辑就是串联珍珠的绳子。没有逻辑，就不可能把文章的思想清晰有效地串联起来，就不可能进行有效的传播与表达。

遗憾的是，纵观无数关于写作的书籍与课程，都没能够有效地解决文章的逻辑或"谋篇布局"问题，而我在后面所讲的"问答思维"，将作为一把利器，轻松而彻底地解决大家缺乏逻辑、不会谋篇布局的问题。

二、写作的三大普遍性难题

写作是门技术活。这话不是说写作不需要思想，不需要文采，而是强调写作需要技术。

前面我通过"一棵树"讲述了写作的三大基础，并且说明思想与修辞不属于这堂写作课的授课内容，那么，我们现在要解决的问题是什么呢？就是：思路！

解决思路问题依靠的是技术，而此处所讲的写作三大难题，也是来源于技术层面。如果说没有思想，不懂修辞，就不能写文章了，那么如果学会打开思路，学会思考，就会发现你也是有思想的。

如果以下三大难题不解决，那么写出来的文章不会成为好文章。

1.难题一：缺乏思路，无话可写

换个说法就是"凑字数"。这是绝大多数人在写作道路上遇到的第一个拦路虎。

几年前，我辅导一位即将参加高考的学生写作文。我先看了他写的几篇作文，其中一篇的结尾明显是拼凑上去的，我问他为什么这么写，他说是为了凑字数。

我也辅导过很多要参加公务员申论考试的学员，申论考试的"大作文"一般都要求写1000字左右，学生们最苦恼的就是，1000字真的太多了！

很多人认为，写作靠灵感，如果没有灵感的话，根本无从下笔，写不了多少字。岂不知这是一个误区。写作不能靠灵感，真正的写作也不是靠灵感。如果参加中考或高考，必须在规定时间里完成作文，没有灵感，难不成交白卷？

李敖先生著作等身，是一等一的写作大师。他于2011年接受采访的时候说："有人问我，李敖你靠不靠灵感来写作？我说我不靠灵感写作，我坐下来就可以写作。"主持人问："您不靠灵感靠什么？"李敖回答："完全不能靠灵感，靠灵感一本都写不出来了。那没有灵感怎么得了呢？灵感很容易就不见的，并且有很多借口就把你的灵感给抹杀掉了，头疼啊，牙疼啊，很多借口，对吧？所以我基本上不是靠灵感而是靠习惯。"

写作不靠灵感，靠习惯！什么习惯？李敖大师语焉不详，在此我也先按下不表，卖个关子，后面专门讲。

2.难题二：思路飘浮，跑题偏题

第一个难题解决了，或者部分解决了，许多人还是感到困难，思路飘浮、跑题偏题怎么办？换个说法就是思路"不聚焦"。不聚焦就会导致写文章东拉西扯，写出一堆文字，但不是自己想要表达的意思。

有这样一个故事，有个秀才喜欢写诗。有一回他遇上大文人纪晓岚，就把自己写的一首诗给纪晓岚看。纪晓岚看完后，提笔写了"两个黄鹂鸣翠柳，一行白鹭上青天"。这是杜甫的诗句啊！秀才一看这还了得，纪大学士用杜甫的诗句来评价我的诗，那说明我的诗写得肯定非常好。于是，秀才高高兴兴地跑回村子里，把诗拿出来给朋友欣赏。朋友一看，说纪大学士这是在说你写得不好呢！两个黄鹂鸣翠柳——不知所云，一行白鹭上青天——离题万里。

人的意识具有流动性，因此有一个概念叫"意识流"。意识的流动，其实是联想的作用，收到某个信息后，人就会展开各种联想，就像鲁迅说的"一部《红楼梦》，经学家看见《易》，道学家看见淫，才子看见缠绵，革命家看见排满，流言家看见宫闱秘事……"这都是联想的作用。如果写作的时候，大脑受联想的影响，思想任意流动，就会出现跑题、偏题的麻烦。

3.难题三：结构混乱，没有章法

有些人看似长篇大论，但是实际上结构混乱甚至残缺，逻辑不清，不知所云，也就是常说的"没章法"。不过，有的人胆子大，结构混乱也敢写，但是有的人觉得，这样写出来的文章，自己都看不下去，从而导致他不敢写作。

结构混乱，没有章法，其实就是不懂得如何"谋篇布局"。

教写作的书基本上都没有讲明白、讲透彻如何做好文章的谋篇布局。一般都是讲一个"总分总"的大框架，首先在开头"总"的部分提出一个观点，然后要求在"分"的部分按时间、并列、逻辑顺序展开论证与说明，最后在第二个"总"的部分结尾，或总结，或重申，或强调上面的观点。

这个没有错，但是仅仅是管中窥豹，并不适用于绝大部分文章；而且操作性不足，不能让我们轻松驾驭作文思路。

总之，如果不懂得如何谋篇布局，那么写出来的文章就可能结构混乱、不完整，逻辑不清晰，起承转合生硬、不自然，就像建筑物，要么形状古怪，要么烂尾。

三、"元写作"包括哪些内容

"元写作"是一个独创的概念，是一个全新的方法，是从技术层面、思路层面解决写作的难题。那么什么是"元写作"呢？适用于哪些人？适用于什么文章？

1. "元写作"究竟教什么

看过我所讲的写作技巧之后，有读者曾经感慨："以前的写作课都白上了，之前的老师教的东西简直无法比肩。"

文章的来源是哪里？是大脑，是思维。如果不解决思维问题，永远都不可能写出文章，更别提写出好文章了。

纵观过去老师所教的写作方法，以及写作书籍中所讲的写作技巧，都不能将写作思维的问题彻底讲明白，讲透彻。

"元写作"将彻底解密写作的底层思维逻辑，并且提供极具可操作性的技巧与方法。写作原来如此简单。学生读者们可以大声地告诉妈妈："妈妈，我再也不害怕写作文了！"

2. "元写作"适用于什么文章

按照一般的分类，写作分为两个大类：虚构写作和非虚构写作。前者主要指文学类写作，特别指小说和剧本；非虚构写作是以写事实为主的写作，用以引导、说服或娱乐读者，也称说明性写作或实用性写作。"元写作"主要针对实用性写作，它的适用范围包括：

作文：学校教学、中小学生学习写作及作品的特定称谓。"元写作"完全适用于学生作文，可以快速地解决学生的写作难题。

公文：全称叫公务文书，是法定机关或其他社会组织（如政府、公司等）在公务活动中，具有法律效力和规范的文体。公文属于应用文体，代表一个组织的意志，而不是个人意志。如果将来在政府、公司和其他组织里任职，尤其是充当"笔杆子"的工作，学习"元写作"将奠定完美的基础。

新闻：通过媒体发布的时政、财经、社会、军事、体育等方面的报道，包括特写、简讯、深度报道、评论等。

论文：大学本科期间完成的学业论文、毕业论文，或者攻读硕士、博士，甚至毕业后从事专业研究的学术论文，"元写作"可以让论文写作变得非常简单。

杂文：在网络自媒体时代，如果喜欢创作鸡汤、干货、言论、科普、介绍、评论、故事、游记、日记等类型的网文，"元写作"可以帮助轻松驾驭，自由写作。

申论：一种特殊文体。如果将来要参加公务员考试，就无法避开申论写作。"元写作"将成为破解申论难题的利器。

图书：梦想成为一个作家，创作出版关于历史、生活、经济、心理、社会、科技、技能等方面专著，"元写作"将是非常好的帮手。

以上的分类并不严谨，只是给大家做一个简单的罗列，目的是证明所有的实用性文章或著作都离不开"元写作"，甚至"元写作"也有助于写小说、散文和诗。

3.本书的主要内容

本书分为两部分。主体部分一共分为十二章，主要内容如下：

第一章《思维：通过元思维来激发思路》，踏上写作思维突破之旅的开始。解释什么是思考，提出一个容易理解而又简单好操作的定义，即"思考=提问-回答"，然后再解释"元思维"这个全新的概念，并且说明本书所讲授的写作理论为什么叫"元写作"。

第二章《思路：不同层次与方向的思路》，进一步透视思考的基本模型：横向思考与纵向思考。写作中，我们的思路总是在这两个大的方向上展开，仅有横向思考就会不深入，仅有纵向思考就会不全面。同时，探讨思路的延续问题，尤其解决"写了上句之后如何写下句"的问题。

第三章《方向：必须掌握基本提问方向》，进一步深化思路的方向问题。按照力学理论，力包括大小、方向与作用点三要素。思考其实也是一种精神性的力，思考的核心首先是提问，思路和方向决定于提问的方向，因此提问必须有正确的方向。本章将为大家呈现激发思路的20种单个提问方向和14种连贯提问方向。

第四章《逻辑：逻辑性究竟靠什么获得》，首先为大家讲什么是逻辑，然后为大家提供简单实用的、可以增强写作逻辑的方法，避免写作时出现思路飘浮、跳跃、混乱的麻烦。

第五章《聚焦：通过立题防止跑题偏题》，讲解一个关键的、工具性的概念——立题，掌握立题就能轻松地聚焦自己的思路，知道应该如何下笔、展开、聚焦、延续、跳跃，确保每一句话、每一段文字、每一篇文章，都有重点且不偏离主题。

第六章《框架：用钻石法则来搭建框架》。修建房子之前，需要一张蓝图，有一个完整的想象中的房子。如果前面的章节是在准备建筑材料，那么这一章则是教大家如何把它们组合成一座房子。写作一定要做到结构先行，本章将从一般性层面，介绍几种搭建文章框架的基本方法。

第七章《概括：提炼要点以及清晰表达》，这是很多人在写作时忽略的问题，把写作当成句子的堆砌，没有把思绪进行概括提炼。本章将传授如何进行概括提炼要点的方法，从而清晰简洁地表达自己的思想。

第八章《分析：非常实用的分解分类法》，是对第六章内容的深化。概括除了单点式的高度概括之外，还有多点式的全面概括，后者则需要掌握分析的方法。

第九章《事实：要从事实陈述开始写作》、第十章《原因：为什么要学会讲"为什么"》、第十一章《方法：所有问题都指向"怎么办"》是对第五章所讲的立题，分为三种不同的类型，进行深入详细的解读。

第十二章《套路：经典谋篇布局的结构方法》，在大家明白立题的基础上，把其他学科的一些经典分析、陈述与表达模式，转化为写作的"谋篇布局"的经典"套路"。理解了这些"套路"，就可以在作文时得心应手地完成"谋篇布局"。

在本书的附录部分，选择了若干篇文章，用"元写作"的方法进行解读，将叙述体文章还原成问答体文章，增加旁注与解读，以更加直观的案例让大家彻底领悟"元写作"。

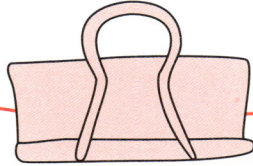

第一章

思维

通过元思维来激发思路

第一节　思考的定义

李敖在采访时说，他写作不靠灵感而靠习惯，但是，究竟习惯所指何物，李敖没有说。

李敖所谓的习惯，其实是思考的习惯，并且善于把平时思考的成果进行有效的表达，尤其是通过写作的方式表达。

一、什么叫思考

很多人并不清楚思考的定义，说"思考就是想问题"，有的人则说思考是指进行分析、综合、推理、判断等思维活动。

虽然我们习以为常地做着许多事情，但是，当要追问做的事情究竟是什么的时候，往往会陷入迷惑。比如，什么是思考。很多人不懂什么是思考，却总是被人要求要勤于思考，要善于思考——这怎么可能呢？

什么是思考？我的结论是：

思考＝提问-回答

这样就便于理解、容易操作了。便于理解，上述这个关于思考的定义，看一眼就知道它是什么意思；容易操作，思考是一个动词，从定义中就能得到指引，马上就可以完成思考这个动作。

关于上述思考的定义，我们可以从两个层面来理解。首先从思考的性质来理解，思考是一个消解疑问的行为，我们可以把"提问—回答"理解为"提问"减掉"回答"。提问就是提出疑问，回答就是给出相应的答案。假设，考试的时候，提问相当于考题，考题的分值是10分；考生写出的答案完全正确，就获得10分，意味着他彻底消解了疑问，即10-10=0。

如果考生只答对一半，则是10-5=5，疑问只消解了一半。如果考生完全答错或答不出来，则10-0=10，意味着百思不得其解。

从另一个层面来理解，思考既然是一种行为，那么它就是一个过程，这个过程就是先提出疑问，然后给出答案。也就是说，一个基本的思考单元，包含两个基本动作：提问与回答，而且顺序有先有后。如果思考的时候没有提出任何问题，更没有围绕问题寻找答案，那根本不叫思考。

二、评价思考的标准

评价思考的水平，需要一个标准。我们可以根据前面所讲的思考定义中的"提问""回答"两个关键词，建立三条标准：

善于提问。针对某一事实、现象从多方面提出疑问。

快速回答。短时间内对所提疑问给出答案。

回答正确。确保给出的答案正确或者有创造性。

第一条标准是关于"提问"的，后两条是关于"回答"的。因此，要想提升思考水平，就从学会"提出问题"和"回答问题"开始吧！

这里要对"问题"一词做一个辨析。广义的问题，其含义包括三个方面：一是指毛病、欠缺、不足，比如：身体存在什么问题？二是指事情，比如：关于这次春游的问题，你考虑得怎么样了？三是指疑问，比如：大家对这篇文章还有什么问题，请提出来，我选择几个普遍性的来回答。

本书在行文之中，多数时候"问题"指的是"疑问"，"提出问题"指的是"提出疑问"，很多时候也直接使用"疑问"一词。

第二节　奇妙的"问答思维"

为什么一开篇，就给出一个关于思考的定义？因为我的观点是：不会思考就不会写作！

许多人可能都有这样的经历，文章写了开头或者写到一半之后就写不下去了，想写却又觉得思路卡住了。遇到这种情况，基本上都会认为是自己缺乏灵感。其实并不是。

加拿大"驻足思考"（Think on Your Feet）课程创办人基思·斯派塞（Keith Spicer）博士认为："你无法说清楚，写明白，是因为你从没有'想'得透彻。"我的观点与基思·斯派塞是一致的。在我看来，写作是思考的结果，是思考整理的过程，也是思考过程的再现。如果你写不下去或者写不出来，根本的原因就是你没有思考，或者思考得不够透彻。

因此，写作不必等待灵感的光临，写作要从思考开始，一旦开始思考，写作就会变得顺畅。思考让我们开启写作，而灵感只是让我们写得更好、更顺、更愉悦。

一、持续的思考

接下来，将详细介绍"问答思维"这个工具。

前面讲过，思考的一个基本单元是"提问—回答"。不过，一个人在写作的时候，要保证思路不断、文思泉涌，就不能只提出一个问题，而要提出一连串的问题，并给予回答，在大脑里面呈现为一个持续不断"提问—回答"的意识流过程。具体的形式如下：

提问—回答—提问—回答—提问—回答……

没有思考，就无法写出文字。因此，要牢记一个概念，思考就是"提问—回答"，持续的思考就是"提问—回答"这个基本模式的不断延伸与扩展，形成一个系统而持续的"问题链"。我把这个持续的问答称为"问答思维"或"问题链思维"。

写作其实是一个持续思考的过程，所以一定要记住这句话："当你没文字可写的时候，就提出问题。"

我对思考的领悟以及对"问答思维"的发现，跟我曾经做过记者有莫大的关系。2000年前后，我在广州当过一段时间的记者。做记者必须懂得一个新闻学常识，即一条新闻标准的导语格式必须包括"5W1H"。这是"美联社之父"梅尔维尔·斯通提出来的。5W指的是何人（Who）、何事（What）、何时（When）、何地（Where）、何因（Why）；1H指的是怎么样（How），也就是何果。其实这就是6个基本问题，就是一个问题链！记者写稿时如果不能把这6个问题向受众交代清楚，就是不称职。

记者的工作主要是什么？就是提问呀！比如，与采访对象约好时间之后，采访对象可能会提出想提前看看采访提纲，采访提纲其实就是想问他的问题。

记者必须学会提出问题，写作也必须学会提出问题，那么，我们可以提出什么问题呢？或者说，问题的类型有哪些呢？

二、封闭式问题与开放式问题

从语法的角度分析，问题分为两大类，一类是反问，一类是设问。反问是不需要回答的，设问是需要回答的。因此，问题链思维中的问题，是设问句，并且分为两大类：一是封闭式问题，一是开放式问题。

封闭式问题是选择性问题，在提出问题的同时，给出若干个可能的答案，或题干本身就隐含了两种答案，供回答者从中选择一个作为回答。如同考试中的选择题和判断正误题。

封闭式问题或选择性问题的答案是明显的，由提问的人直接给出来，回答时，或者是选择给定的答案，或者简单回答是或否、同意或反对、有或无、对或错等。例如：

问：你读过《安徒生童话》吗？答：读过。

问：你喜欢看电视剧吗？答：喜欢。

问：你觉得学文科好，还是学理科好？答：学理科好。

开放式问题就是不给出可供选择的答案，由回答者自由回答。如同考试中的问答题、论述题，答案没有预先给出来，不受限制，因为答案是不确定的、丰富的，所以说它是开放式的。

开放式问题的答案，完全决定于回答者的学识、阅历、修养、思维、态度和情境等因素，可能很深刻、全面、新奇、独到、震撼，也可能错误、肤浅、平淡、无聊。例如：

你喜欢看什么类型的书籍？

为什么许多人害怕当众讲话？

最近一段时间经济犯罪案件发生率上升的原因是什么？

人们为什么不敢见义勇为？

你打算如何解决这个问题？

开放式问题归结起来有三种类型："是什么""为什么""怎么办"，后面的章节会详细讲解。

三、三个元问题

要特别说明的是，如果以问题的形式来划分类型，可以分出封闭式或开放式两种问题，但是，如果以问题的性质来划分类型，那么封闭式问题中的选择性问题应当归入"是什么"之中，因为它们是在对事实进行确认。那么，以问题的性质划分类型，主要有以下几类：

"是什么"—描述性问题

"为什么"—解释性问题

"怎么办"—规定性问题

"是什么""为什么"和"怎么办"这三种类型的问题，可以把它们称为"元问题"。"元"就是基本、根本的意思，基本上所有的问题，都可以还原为"是什么""为什么"和"怎么办"，也就是说，我们所有的疑问，要么是在问"是什么"，要么是在问"为什么"，要么是在问"怎么办"。因此，可以把这种思维模式称为"元思维"，把基于"元思维"的写作理论称为"元写作"。

第三节　叙述体与问答体

写作的底层逻辑是什么？就是自问自答。基于这个判断，文章可以分为两种样式：叙述体和问答体。

一、问答体文章

问答体也可称为对话体，即将问答过程直接地呈现出来，在字面上就可以看到无数的问句。如古希腊哲学家柏拉图的《理想国》、由孔子的弟子记录并流传后世的儒学经典《论语》、中国的医学经典《黄帝内经》，都是用问答体写成的。现代社会，这种问答体文章依然很流行，比如采访领导、专家、老板、明星的文章，大都采用问答体。

2000年8月，我出版了人生的第一本书《杰出的顺德人》，采访了广东顺德的28位老板，记录了他们的创业历程、事业成就与成功之道。这本书就是用"一问一答"的对话体写成的。

叙述体文章基本由陈述句组成，将问句省略掉或者隐藏了，只留下答案部分。即使有个别的问句，也只是修辞手法中的设问或反问。

绝大多数文章都是叙述体，但是，稍加注意就会发现，叙述体文章虽然表面上看没有问句，但是字里行间充满了问句，或者说，在作者的脑海里充满了问句，只不过为了简洁、流畅，成文时将那些问句省略掉了。

二、将叙述体还原成问答体

对于叙述体文章，都可以尝试把它们还原成问答体文章，可以在行文中将问句加进去。当然，有些文章可能在字句上需要有所调整，需要一些连词和过渡句，不能简单地硬加问句。

为了更明确地理解"问答思维"以及问答体与叙述体的区别，不妨用一篇文章的片段举个例子。

我们该如何高效读书呢？我的建议是，首先，要全面把握一本书的主要内容。如果不先把握主要内容，就容易陷入盲人摸象的误区，不知道作者整体上究竟在写些什么，就不能抓住重点。有些人拿到一本书，总是从正文第一页看起，而且是逐字逐句地看，不仅非常累，而且非常慢。首先，应该看看目录、前言、作者介绍、内容提要之类的东西，先形成一个总体的印象，有一个大概的了解，再去看具体的内容。其次，要带着问题找答案。带着问题找答案才能快速地抓住重点，而不至于被字、词、句的表象所迷惑，才能看出文字背后作者所要表达的意思。我们在工作与生活中总是会遇到各种不解的问题，买某一本书的时候，也是因为它可能会给自己的问题提供答案。我们遇到的问题无外乎就是"是什么""为什么""怎么办"这三种"元问题"。我们看书的时候，一定要想一想，某一个句子、某一个段落、某一节、某一章，它究竟在回答什么问题，作者给出的答案是什么……

这个片段中开头的问句，我们可以把它视为全文的立题。除此问句之外，字里行间还有许多问句，现在把它们全部还原出来：

　　我们该如何高效读书呢？我的建议是，首先，要全面把握一本书的主要内容。为什么要这么做呢？如果不先把握主要内容，就容易陷入盲人摸象的误区，不知道作者整体上究竟在写些什么，就不能抓住重点。常见的问题是什么呢？有些人拿到一本书，总是从正文第一页看起，而且是逐字逐句地看，不仅非常累，而且非常慢。究竟该怎么办呢？首先，应该看看目录、前言、作者介绍、内容提要之类的东西，先形成一个总体的印象，有一个大概的了解，再去看具体的内容。接下来怎么办？其次，要带着问题找答案。为什么要这样做呢？带着问题找答案才能快速地抓住重点，而不至于被字、词、句的表象所迷惑，才能看出文字背后作者所要表达的意思。问题来自哪里呢？我们在工作与生活中总是会遇到各种不解的问题，买某一本书的时候，也是因为它可能会给自己的问题提供答案。这些问题是什么类型呢？我们遇到的问题无外乎就是"是什么""为什么""怎么办"这三种"元问题"。怎么带着问题找答案呢？我们看书的时候，一定要想一想，某一个句子、某一个段落、某一节、某一章，它究竟在回答什么问题，作者给出的答案是什么……

　　这个段落虽然开头明确说要讲"怎么办"，但是，后面的内容还讲到"是什么""为什么""怎么办"。在文章中就某个要点进行具体陈述的时候，不可能将"一个疑问对应一个答案"进行到底，只能在篇、章、节、段，或者总论点与分论点等层次上，以连续不断的"是什么""为什么""怎么办"的"问—答"形式交替延续，不断地就某一话题或要点刨根问底。

　　因此，一定要学会提问。如果不会提问，就不能顺利思考；不能顺利思考，就不会写作，就不能写出好文章。

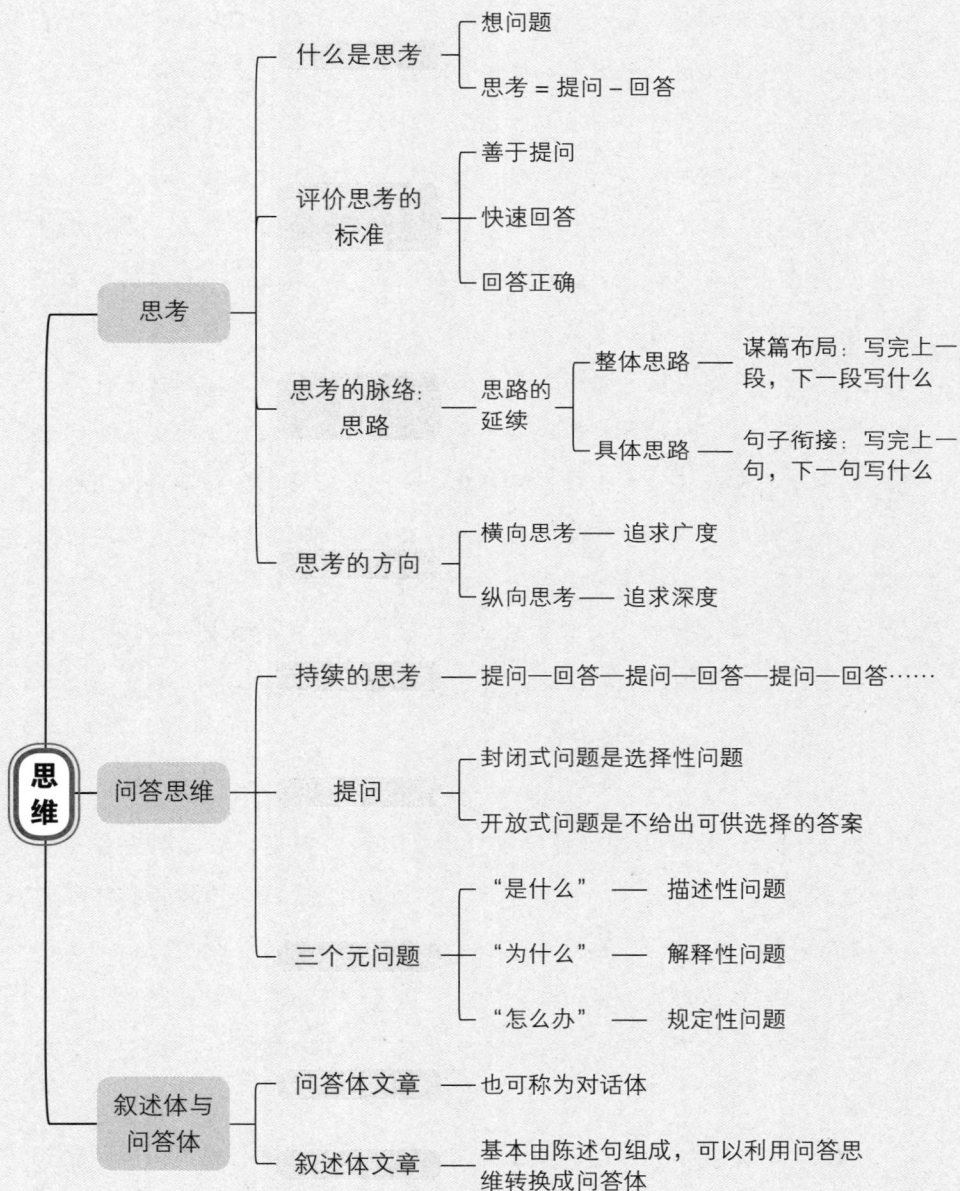

思维

- 思考
  - 什么是思考
    - 想问题
    - 思考 = 提问 – 回答
  - 评价思考的标准
    - 善于提问
    - 快速回答
    - 回答正确
  - 思考的脉络：思路
    - 思路的延续
      - 整体思路 —— 谋篇布局：写完上一段，下一段写什么
      - 具体思路 —— 句子衔接：写完上一句，下一句写什么
  - 思考的方向
    - 横向思考 —— 追求广度
    - 纵向思考 —— 追求深度

- 问答思维
  - 持续的思考 —— 提问—回答—提问—回答—提问—回答……
  - 提问
    - 封闭式问题是选择性问题
    - 开放式问题是不给出可供选择的答案
  - 三个元问题
    - "是什么" —— 描述性问题
    - "为什么" —— 解释性问题
    - "怎么办" —— 规定性问题

- 叙述体与问答体
  - 问答体文章 —— 也可称为对话体
  - 叙述体文章 —— 基本由陈述句组成，可以利用问答思维转换成问答体

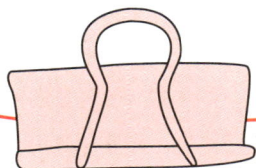

第二章

思 路

不同层次与方向的思路

第一节　什么叫思路

所谓思路，就是思考的条理脉络。有这样一句话："思路决定出路。"这个"思路"的含义广泛许多，指的是在人生的道路上，面对迷雾、诱惑、坎坷、困难等，如何正确地树立目标与选择路径，即找到出路，完美突围，迈入成功。

从甲地到乙地，把起点和终点以及中间要路过的地点，用一条线连接起来，叫作线路。就写文章而言，把从开头到结尾以及中间所表达的要点，用一条线连接起来，就叫作思路。思路和线路类似，线路上指往下一个节点的路标，就像思路中的疑问句，因此可以说，思路是许多个有价值的、系统化的疑问与答案（问—答）串联起来的线索。

大部分写作课程与书籍，对思路探讨，往往都很宽泛，缺乏可操作性。有的就是传授写作者如何列提纲，比如，叙事类作文的提纲：一、起因；二、经过；三、高潮；四、结果。记人类作文的提纲：一、外貌；二、性格；三、事例；四、品质。虽然提纲给出了一个大框架，可以解决写作者的部分问题，但是，绝大部分写作者拿到这样的提纲后还是难于下笔。

就写作而言，思路问题包括找到思路、打开思路和延续思路，此三者除了与作者的知识、阅历、见识、经验有密切关系外，还需要技巧，其中的关键技巧就是"问答思维"，尤其是如何延续思路。

延续思路就一篇文章而言，包括两个层次：一是整体的思路，一是具体的思路。关于整体思路，将在第六章"框架"和第十二章"套路"里详说，这里只简要提及。整体的思路可以称为结构化表达，也属于谋篇布局要解决的问题，其解决的是段落之间的关联问题，即"写了上一段，下一段写什么"。整体的思路就像从甲地到乙地，哪里是起点，中间经过哪几个地点，哪里是终点。

整体思路　谋篇布局：写完上一段，下一段写什么

思路延续

具体思路　句子衔接：写完上一句，下一句写什么

图 1　思路的延续示意图

具体的思路，指的是句子与句子的延续，就是在整体思路的指引下，写了上一句子之后，下一句子写什么。关于具体的思路的问题，在2020年，我曾经与广东省中山市语文名师张华老师有一次深度交流。张华老师多年来致力于作文教学研究，我们通过网络认识，进而成为朋友，他跟我一样强调，写作是一门技术。张华老师提出了一个有价值的概念——句径。他认为，与其让学生理解什么是句型与句式，不如让学生掌握"句径"这个工具。因为，大多数学生都存在"写了上一句，不知道下一句写什么"的问题。所谓句径，指一个句子所组成的路径。

句径这个概念是全新的，但是，我认为它与思路这个概念差不多：思对句，路对径。只不过，思路属于不可见的思考层面，是从大脑运行的角度来讲的；而句径则是可见的，是从文字表达的角度来讲的，是思路外化出来的语句路径。

第二节 横向思考与纵向思考

思考有两个基本方向：横向与纵向。对于什么是横向思考，什么是纵向思考，不同的人有不同的理解。大致来讲，多数人会把横向思考认为是空间角度，即从多个方面、多个维度来思考一个事物甚至多个事物；把纵向思考认为是时间角度，即从一个事物的历史、现状甚至未来进行比较分析。

我认为，把一个事物或者一类事物从多个方面、多个维度去分析，都应该视为横向思考，而仅仅从某一个方面、一个维度去深入分析则属于纵向思考，横向思考追求广度，纵向思考追求深度。比如，讨论汽车消费问题，如果涉及品牌、性能、安全性、价格、服务等，则属于横向思考，如果只是讨论安全性则属于纵向思考。

横向与纵向具有相对性，这取决于思考范围的确定。还是汽车消费这个话题范围内，安全性问题的思考属于纵向思考。如果仅讨论安全性问题，思考的范围就缩小了。如果又分别从主动安全性、被动安全性、事故后安全性和生态安全性等方面思考，则变成了横向思考。

"六顶帽子思考法"的提出者爱德华·德·博诺曾经提出过"水平思考"的概念，他认为大多数人喜欢进行"垂直思考"，导致思考不够全面和系统。我认为，爱德华·德·博诺的"水平思考"可以等同于"横向思考"，"垂直思考"可以等同于"纵向思考"。但是，高质量的思考应当是两者的结合，缺一不可。

布兰登·罗伊尔的《一本小小的红色写作书》中讲到一个写作原则——支撑所说内容，即要求作者使用准确、具体的词汇支撑所说内容。比如，要表达的观点是：公司利润下降了。如果仅有这一句话，信息量实在是太少了。比较好的表达是：

公司利润下降了10%，因为总体成本增加了20%。具体来说，较高的薪水支出是成本增加的主要原因。高薪资成本主要是管理层的薪资增加造成的，因为加班时间减少，付给工厂员工的实际平均工资下降了5%。

布兰登·罗伊尔指出，人们写作时常见的一个问题是不善于将观点细化。

要将一个观点进行细化，是在思考、讲话和写作时必须完成的一个基本动作。细化的目的包括三个：第一，可以给受众提供更详细的信息，以便受众理解和接受。第二，可以丰富语言，让自己的表达不会过于单一、粗糙和空洞。第三，可以更加全面地展示事物的全貌以及其真实面貌。

如何进行细化呢？应当从横向与纵向两个大方向进行拓展和挖掘。

横向，就是在同一事物相关的水平面，从多个要素、方面、部分、角度等进行拓展，增加思考的广度。比如：

公司利润下降了，产品质量下降了，员工流失率上升，资金链紧张……

纵向，就是在一个事物的多个方面中只选取某一点垂直挖掘，可以增加思考的深度。比如：

公司利润下降是最严重的问题。因为总体成本上升了20%，所以利润下降了10%。成本上升的主要原因是薪水增加，而薪水增加主要是管理层薪资增加造成的，因为加班时间减少，付给工厂员工的实际平均工资下降了5%。

总之，横向是一个事物的各个方面，或者多个事物的并列；纵向是就某一事物或事物的某一方面进行深入挖掘，并用"是什么""为什么"怎么办三个"元问题"展开连续的追问。

要特别说明的是：有的人思路过于跳跃，其实是因为只做横向展开，而缺乏纵向挖掘。并且，在横向展开的时候也缺乏系统性和目的性，只是随意地展开，就像泼到地面上的水，任其任意地流淌，不像沟渠里面的水，有明确的流向。

第三节　整体思路的延续

整体思路的延续，大体来讲就是多个立题的组合。它要解决的问题是"写了上一段，下一段写什么"，也可以说是谋篇布局的问题。在第十二章里，我会详细介绍几个经典的套路，此处暂时按下不表。

知乎上有一篇文章，题目是《有一种穷人思维，叫"幸存者偏差"》，作者叫"财如人意"。这是一篇不错的文章，很具有示范性。这篇文章的小标题如下：

一、什么是幸存者偏差？

二、幸存者偏差的具体表现

1.读书无用论

2.老婆都是别人的好

3.站在风口猪都能飞

三、幸存者偏差的危害是什么？

1.深化侥幸心理

2.导致判断失误

3.发展更加迷茫

四、如何降低幸存者偏差的危害？

1.不要盲目从众

2.学会逆向思考

3.提升认知水平

简单地解读一下这篇文章。整体上，这篇文章写了四个立题：两个"是什么"、一个"为什么"和一个"怎么办"，可谓典型的"空—雨—伞"结构。

开篇的导语或引子讲述朋友的故事，目的是引出话题，其实也是在回答"为什么"：为什么我要写这篇文章？这是文章的常用手法——用事例引出话题。

进入正题之后，首先写了两个"是什么"：什么是幸存者偏差？幸存者偏差的具体表现？这两者是"是什么"的经典立题。尤其是文章涉及专业的概念，更要做出清楚的解释，所以引文用了一大段文字来专门解释"幸存者偏差"。

其次又写了一个"为什么"：幸存者偏差的危害是什么？作者列举了三大危害：深化侥幸心理、导致判断失误、发展更加迷茫。要注意，讲危害就是在讲"为什么"，这个立题换一个说法就是：为什么我们要避免"幸存者偏差"？因为幸存者偏差会导致三大危害，所以要避免它。

最后写了一个"怎么办"：如何降低幸存者偏差的危害？作者给出了三点建议：不要盲目从众、学会逆向思考、提升认知水平。

我认为，这篇文章是一篇非常好的范文，它的结构完整、逻辑清晰、立题明确、概括到位、叙述达标。关于叙述达标，要再特别说明一下。

所谓叙述达标，指的是整篇文章有了大的框架以及每个立题下面有多个答案的概括性要点之后，其余的文字怎么写，也要达到相应的标准。一般的标准是："是什么"的立题下面，尽可能更具体地讲"是什么"；"为什么"的立题下面，尽可能更具体地讲"为什么"；"怎么办"的立题下面，尽可能更具体地讲"怎么办"。

按照以上标准，看看上文在叙述上有没有达标呢？完全达标。比如，为什么我们要避免幸存者偏差？作者在深化侥幸心理、导致判断失误、发展更加迷茫这三个要点下面，分别讲"为什么"，而没有讲"怎么办"。比如，讲如何降低幸存者偏差的危害？作者给出了三点建议：不要盲目从众、学会逆向思考、提升认知水平，但是他没有讲"为什么"，而是讲具体怎么做到不盲目从众，怎么学会逆向思维，怎么提升认知水平。

第四节　具体思路的延续

前面所讲到的横向思考与纵向思考，既关乎一篇文章整体思路的展开与延续，也关乎具体思路即句子与句子之间的衔接与延续。接下来，要为大家详细说明与展示具体思路的延续，领悟文字生成的秘密。

写作其实是在自问自答，这是写作思维的底层逻辑。那些看似没有问句的叙述体文章，其中的每一个句子都是靠"问—答"模式来推进的，每一个陈述句都是在回答某一个问题，甚至一个句子的前半句与后半句，是分别在回答不同的问题。我们来看一个例子：

最近我心情不好，失眠，厌食，四肢无力。
最近我心情不好，上周我的考试失败了。
最近我心情不好，我想去旅游。

这三个句子有什么区别？前半句一样，下半句不同。这个不同是怎么产生的？是因为中间的疑问句不同。不妨把省略了的疑问句还原出来：

最近我心情不好，（**有什么表现呢？ —— "是什么"**）失眠，厌食，四肢无力。

最近我心情不好，（**为什么会心情不好呢？ —— "为什么"**）上周我的考试失败了。

最近我心情不好，（**怎么让心情好起来呢？ —— "怎么办"**）我想去旅游。

上面三个句子的下半句不同，是因为中间隐藏着不同的疑问句——它们分别是"是什么""为什么""怎么办"。

这也许不算是一个惊天的秘密，怔是，绝对是大多数人没有发现的秘密：文字就是这么生成的，思路就是这么延续的。大部分人都以为写作只是把脑海里面的陈述句变成文章，然而，却忽略了是疑问句让我们获得陈述句甚至一段话，我们把它变成了文字；也可能在某一个瞬间，疑问句诱发了陈述句。但是，我们却忽略了疑问句的存在与作用，以为是灵感来了。

写作一定要靠思考！因此，下面这句话一定要记住：

没有话写的时候，就提出疑问。

如何提出疑问，尤其是连贯性地提出疑问，确保具体思路的延续，将在下一章讲解。

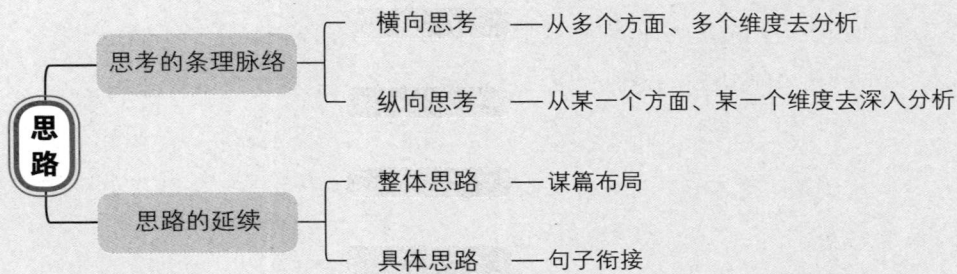

思考的条理脉络

　横向思考　——从多个方面、多个维度去分析

　纵向思考　——从某一个方面、某一个维度去深入分析

思路

思路的延续

　整体思路　——谋篇布局

　具体思路　——句子衔接

第三章

方向

必须掌握基本提问方向

第一节 常用的关键问句

有人说，我现在知道思考就是"提问—回答"这个模式了，但是，我不知道怎么提问呀！不知道怎么提问，不知道提些什么问题，就是不懂得思考，因此，本章将进一步深入解读思路的方向问题。

提问必须有方向性，"元问题"是提问的根本问题："是什么"，是关于事实的疑问；"为什么"，是关于原因的疑问；"怎么办"，是关于解决的疑问。但是，"是什么""为什么""怎么办"只给出了大方向，还要学会把"元问题"具体化。

我曾经在政府、媒体、广告公司等单位工作过，做过秘书，写过许多公文；当过记者，采访过许多人、报道过许多事件；做过策划师，写过许多策划案。根据这些经验，我按照人、事、物三个大类，拟订了一份关键问句清单，这些清单在我的工作和生活的思考与写作中起到了非常大的作用。它们可能并不完备，但是具备一定的启发作用。

1.对人的关键问句

（1）他的主要经历如何？

（2）他的理想和梦想是什么？

（3）他最艰难的时刻或者遭遇的最大挫败是什么？

（4）什么事情改变了他？

（5）什么原因让他做出了这种决定？

（6）什么人对他的影响最大？

（7）什么事情让他获得最大的快乐？

（8）他基本的性格特征有哪一些？

（9）在两难的情况之下，他会选择什么？为什么？

（10）他对××（如金钱、朋友、事业、家庭等）是什么态度？

（11）他为什么做出与人不同或相反的选择？

（12）他为什么能够成功？

（13）他认为人最重要的品质有哪几项？

（14）他有什么样的作为和成就？

（15）他怎么评价自己？

（16）别人怎么评价他？

（17）他感到最遗憾或失败的是什么？

（18）怎么在逆境中生存和崛起？

（19）怎么应对挑战、压力和打击？

（20）怎么让自己与众不同？

2.对事的关键问句

（1）这是一件什么样的事情？

（2）事情的起因是什么？

（3）事情的过程是怎样的？

（4）结果或者目前的状况是怎样的？

（5）为什么发展很顺利或很艰难？

（6）遇到了什么样的障碍？

（7）有哪些利益相关人？

（8）这件事为什么值得投入？

（9）这件事是真的吗？

（10）理论上应该怎样，事实上又如何？

（11）表象如此，它的本质是什么？

（12）为什么遭遇如此大的阻力？

（13）怎么才能顺利完成这件事情？

（14）怎么做到简单易行？

（15）突破的关键是什么？

（16）可以从哪些方面创新？

（17）怎么提升效率？

（18）有什么样的替代方案？

（19）可否通过什么合作来解决矛盾？

（20）怎么赢得广泛的支持？

3.对物的关键问句

（1）这是一个什么东西？

（2）有什么样的功能？

（3）组成的系统和部件有哪些？

（4）主要的特点和优势是什么？

（5）有哪些主要用途？

（6）为什么受人喜欢？

（7）最受欢迎的功能是什么？

（8）为什么有人不喜欢？

（9）谁发明或制造的？

（10）主要的应用场景有哪些？

（11）社会上的普遍评价如何？

（12）专家的评价如何？

（13）第三方机构的评价如何？

（14）对人的生活带来什么样的影响？

（15）技术上的关键创新是什么？

（16）还有什么样的缺陷？

（17）如何改进以更加完美？

（18）如何才能让社会更广泛地接受？

（19）产品背后有什么样的故事？

（20）真的值得拥有吗？

第二节　重要的提问方向

"是什么""为什么""怎么办"给出了提问的三个大方向，上面的20个具体的提出疑问的方向性建议，也可以视为"元问题"的具体化。

1. 目的的疑问

目的性是人类活动的基本特征。因此，对于任何一件事情，都应当追问其目的。对意义、价值、重要性、好处等提出疑问，都是关于目的的疑问。所有关于目的的疑问，都属于"为什么"的范畴。如：

为什么我们要做这件事？

做这件事的目的是什么？

为什么这件事非常重要？

他总是抓住这件事不放，是想达到什么目的呢？

2. 解释的疑问

在日常生活中，很多时候人们都在做解释。解释的目的有两个：一是让别人理解说的是什么，一是让别人接受所传播的思想或宣传的物品。说明具体情况的解释属于"是什么"，说明原因和理由的解释属于"为什么"。如：

我今天要讲的话题与大家有什么关系呢？

为什么我们必须这么做？

为什么我不同意你们的意见？

为什么我要坚持创业？

3. 概念的疑问

思考总是借助语言来完成，每个问题都包含一些基本的、重要的概念。因此，为这些概念下定义，对其含义做出清晰的解释是非常必要的。其实，每个人的心中都有一部自己的词典，对自己经常使用的概念，都有自己的定义与解释。这些疑问都属于"是什么"。如：

思考的定义是什么？

什么叫作非转基因？

人们对"营销"一词通常是怎么理解的？

世界卫生组织对健康的定义是怎样的？

4. 标准的疑问

标准，指衡量事物的准则。思考过程包括对事物进行评价，评价的依据就是标准。随着科技与工业的发展，各种产品的国际标准越来越多，这是全球化的要求，也是一种权力工具。广义而言，社会领域的法律、道德、制度、规定等，都是标准，每个人心中也有判断各种事物的不同标准。为什么要发表意见？因为发现有些人、事、物没有达到某种标准。关于标准的疑问属于主观的"是什么"。如：

好学生的标准是怎样的？

一篇好文章必须符合哪些条件？

什么样的大学才是好大学？

5. 构成的疑问

事物都是由多个部分、要素构成的。在进行分析的时候，要进行分解、分类，把整体的事物分成若干部分、要素、类型等。构成的疑问属于"是什么"。如：

朋友一般分为哪几种类型呢？

人体是由哪些系统构成的呢？

公司通常设立哪些主要部门呢？

文章的基本要素是哪些？

6. 特点的疑问

人在了解、认识一个新的事物的时候，首先会关心它是什么。想要确定"它是什么"的关键，则要把握它的特点、特征以及深层次的性质，这些性质也正是它与别的事物不同的地方。只有把握它的特点，才能知道它究竟是什么。特点的疑问属于"是什么"。如：

90后的年轻人有什么特点？

淘宝的用户有哪些基本特征呢？

这次事件究竟属于什么性质？

议论文与记叙文有什么不同？

7. 现状的疑问

我们常常警示自己或者要求别人，要活在当下，既不要替古人担忧，也无须为还未到来的明天费神。这其实就是要求我们，解决所有问题都必须从现在开始，必须立足当下。因此，我们必须搞清楚事情的现状。现状就是当前的事实，属于"是什么"。如：

公司目前的经营状况如何？

中国人的婚姻状况是怎样的？

孩子目前的学习成绩如何呢？

中国互联网产业现状是怎样的？

8. 问题的疑问

这里的问题指毛病、欠缺、不足。现状是一个较为宽泛的话题，其中包括好的、不好的和中性的，而关于问题的疑问，则是要探求某一事物不好的方面，从而有针对性地去解决它们。问题的疑问，属于典型的"是什么"。比如：

你的身体有些什么问题？

你在学习上究竟存在什么问题？

中国第三产业发展目前面临的问题是什么？

你的英语存在什么问题呢？

9. 历史的疑问

问题的发生和存在都不会是无缘无故的。分析和解决当前的问题，总是会从过去的历史探求原因，并寻求历史的经验。如果仅仅是为了知晓历史，就属于"是什么"的疑问；如果是为了解释目前的某个现象，则属于"为什么"的疑问；如果是为了借鉴历史的经验，寻求解决之道，则属于"怎么办"的疑问。比如：

在这次事故发生之前，有没有什么异常的现象发生？（"**为什么**"）

这样的事情以前有没有出现过？（"**是什么**"）

以前发生这样的事情，我们一般是怎么处理的？（"**怎么办**"）

我过去为这个目标做过什么努力呢？（"**怎么办**"）

唐朝时西安的城市是怎样的景象呢？（"**是什么**"）

发生这种情况，我以前是怎么做的呢？（"**怎么办**"）

10. 表现的疑问

表现，是一个事物浅表的、直观的现象。对于疾病叫症状。人们认识事物总是从它的表现开始的，虽然表现可能会存在迷惑、误导现象，但是，绕开表现，我们将对其一无所知。表现的疑问是典型的"是什么"。比如：

如果我患了这种疾病，有些什么症状呢？

一个讲诚信的人有些什么表现呢？

高智商的人有什么表现呢？

一个自负的人，通常有些什么表现？

11. 质疑的疑问

也称为确认的疑问。万事没有绝对，因此，对事物一定要抱持怀疑的态度，多多求证，问其真假、对错、可靠与否、有效与否等。这属于通常所讲的逆向思维的一部分。质疑的疑问在确认事实，属于"是什么"。如：

这个新闻是真的吗？

这件事真的要大力投入吗？

信息来源可靠吗？

这个办法有效吗？

没有可替代的方案吗？

12. 选择的疑问

也叫判断的疑问，因为选择蕴含着判断。人们总是在生活、工作中面临选择，包括是不是、要不要、该不该、好不好、行不行、喜欢与厌恶、赞成与反对、接受与放弃等，因此思考时必须提出判断的疑问。这是关于态度的表达，也是行为所需要的决策。选择的疑问是在做选择题，也就是在确认一个事实，属于"是什么"。如：

是跟朋友合伙开公司，还是自己单独开公司？

大学刚毕业就选择创业，你认为好不好？

孩子犯了错，该不该严厉惩罚呢？

跟团游与自助游哪一种方式更好呢？

去大公司工作好，还是去小公司工作好？

13. 综合的疑问

综合是对一个事物进行整体判断。人类的思维对一个事物的了解不可能极其深入，也不可能面面俱到。因此，很多时候只能做大致的、整体的、总体的把握，比如，选择与某人成为朋友，绝不是把他的一切都了解了，才与之交往，而是整体感觉，甚至是部分相合就行。综合的疑问属于"是什么"。如：

人们对这个现象的主流意见是什么？

你对某人的整体印象如何？

总体而言，这本书是否值得推荐？

综合各方面的因素，我们应该如何为这一事件定性呢？

14. 关键的疑问

也称为聚焦的疑问。抓住事物的关键，也是思考和解决问题的重要方法。哲学上有种说法叫"善于抓住主要矛盾和矛盾的主要方面"，也就是要善于去粗取精、去伪存真。以我个人的经验，用关键、重点、重要、特别、主要、基本等关键词组成的疑问，都容易直达事物的本质。电视节目主持人杨澜在她的《提问》一书中讲到"最式提问"，就是要抓住最主要的、最重要的、最关键的、最令人意外的、最令人难忘的……人物、事件、问题、时刻、情景、因素、行动等。她每次采访世界顶尖级人物时，总是不会忘记提出"最式提问"。关键的疑问，"是什么""为什么""怎么办"都有。如：

要解决这个问题，我们必须抓住哪几个重点？（"**怎么办**"）

这个产品最突出的特点与优势是什么？（"**是什么**"）

这次旅行，特别让人难忘的是什么？（"**是什么**"）

发生这次事故，最关键的因素有哪些？（"**为什么**"）

15. 深入的疑问

《丰田思考法》一书介绍了一个探寻问题根本原因的方法，叫"连续追问五个为什么"，就是深入的疑问。中国有一句古话叫"打破砂锅问到底"，也表达了同样的意思。深入的疑问，是要掌握更具体、详细的情况，理解表象背后的深层次原因和理由。所有的"是什么""为什么""怎么办"的疑问，都可以深入追问。

具体情况如何呢？（"**是什么**"）

方向已经确定，下一步的行动安排是什么？（"**怎么办**"）

结果如何呢？（"**是什么**"）

这件事情会导致什么连锁反应呢？（"**为什么**"）

16. 全面的疑问

有些人很有创意，有独到的想法，可是缺乏全面的思维；有些人固执己见，自以为是，可能容易排斥别的有价值的意见。为了防止片面与遗漏，以确保思考和解决问题全面而系统，必须提出关于全面的疑问。关于全面的疑问，"是什么""为什么""怎么办"的疑问都会涉及。如：

这个产品包括哪些功能？（"**是什么**"）

除此之外，还可能是什么原因导致这个问题的发生？（"**为什么**"）

还有什么没考虑到的因素（部分）吗？（"**为什么**"）

这个问题需要从哪些方面来解决？（"**怎么办**"）

大家对这个问题还有什么补充意见吗？（"**为什么**"）

17. 换位的疑问

换位思考属于逆向思维的一部分，强调换个角度来看问题，站到别人的位置思考他们的问题和需求，尤其要站到对立方的位置看问题。不同的位置有完全不同的诉求、需要、问题、想法、方法和结果。换位的疑问，"是什么""为什么""怎么办"都有。如：

用户如何评价这款新产品？（"**是什么**"）

老板为什么这样要求？（"**为什么**"）

孩子期望父母怎么对待自己？（"**怎么办**"）

18. 逆向的疑问

也叫对立的疑问。事物都有对立的一面，正所谓"一阴一阳之谓道"。所以，一定要在对立面提出疑问，在提问时可以用"反义词"构成一个相反的疑问句。和前面所讲的换位和质疑一样，逆向的疑问也属于逆向思维的一部分。这类疑问主要属于"是什么"。如：

人们的理想是这样的，可是现实状况又怎么样呢？

理论上如此，事实上又如何呢？

表面上看他们非常积极，实际上是在打什么主意呢？

主流意见都赞同，那些不赞同的非主流意见是什么呢？

学校如此决定，学生是什么反应呢？

19. 比较的疑问

人类是在比较中，通过发现事物之间的差异，从而认识世界。通过纵向比较，可以看到自己的进步与突破，增强信心；通过横向比较，可以发现自身的不足，或者优势，从而明确自己的目标。通过事物与事物之间的比较，则可以明确究竟该选择什么。比较的疑问，"是什么""为什么""怎么办"都有。如：

我的写作水平与培训前比较有什么突破？（"**是什么**"）

怎么解决我的文章与同学之间的差距？（"**怎么办**"）

马云与马化腾两位企业家，你更欣赏哪一位？（"**为什么**"）

我们的产品有什么优势？（"**是什么**"）

20. 假设的疑问

假设是对因果关系的探寻。当某种原因出现或消失，会导致相应的结果，在某种程度上，这是可以预测的。人类心理上对因果律有巨大的依赖性，它带给人们安全感与稳定性。如果"下一刻"是完全不可预测的，那生活简直是不可想象的。人类永远都不会放弃对因果关系的探寻，通过这样的探寻，也就是通过猜测、推断、想象等方式，发现无限的可能。假设的疑问，"是什么""为什么"和"怎么办"都有。如：

如果参与这个活动，可能面临什么风险？（"**是什么**"）

假如改变顺序，会产生什么效果？（"**是什么**"）

一旦失去××支持，我们该怎么办呢？（"**怎么办**"）

如果公司加大对研发的投入，就可以打败竞争对手吗？（"**为什么**"）

如果人人都献出一份爱，世界将会变得怎么样呢？（"**是什么**"）

第三节　如何连贯提问

写作实际上是一种自问自答，因此不能只问一个问题，而必须连贯提问，即连贯不断而且有关联地提问。

前面讲过，写一篇文章，整体上的思路，也就是谋篇布局，就是由多个连贯的问题形成的，比如"空—雨—伞"法其实是就以三个问题组成的一个结构，而"四圣谛"法则是以四个问题组成的一个结构。当然，这是就大的框架而言的，相对抽象一些。不过它解决了写作上的"写了上一段，下一段写什么"的问题。

那如何解决"写了上一句，下一句写什么"的问题呢？最基本的逻辑顺序还是"是什么——为什么——怎么办"这三个"元问题"。比如下面这句话：

我最近特别累，因为老板交给我一项非常艰巨的任务，我必须排除一切干扰，加班加点地干活。

这一句平常的话语，它背后的逻辑是怎样的呢？

问：你最近怎么样？（"是什么"）答：我最近特别累。问：为什么很累？（"为什么"）答：因为老板交给我一项非常艰巨的任务。问：你该怎么办？（"怎么办"）答：我必须排除一切干扰，加班加点地干活。

我梳理了一些连贯提问的主要类型。为了叙述的简便，在举例中只罗列两个问句组合成的连贯提问，而且主要依据两个提问之间的关系进行分类。

1. 时间关系

时间关系是事物基本的规定性之一。在探讨、思考问题的时候，往往会追溯过去，或者展望未来，这两者都是基于时间关系。对过去的追溯，可以使我们看问题具备深邃的历史眼光；对未来的展望，则可以让我们充满无限的想象力。

你对思考有什么独特的发现？ ——以前没有人提出过吗？

你这学期考试成绩如何？ ——那你以前的考试成绩如何呢？

朱元璋是什么家庭出身？ ——历史上还有没有这样的皇帝？

公司的员工流失情况如何？ ——以前出现过这种状况吗？

第一阶段的工作完成情况如何？ ——下一步的打算是怎样的呢？

今年公司主要干了些什么事？ ——明年的工作目标呢？

2. 主次关系

哲学上讲，要抓住主要矛盾和矛盾的主要方面，强调看问题、解决问题要分清主次。当然，抓住"主要"并不排斥"次要"。"次要"可以作为"主要"的铺垫——这时我们会先问次要问题，再问主要问题；也可以作为"主要"的补充——这时我们会先问主要问题，再问次要问题。

你认为这次考试失败的主要原因是什么？——还有什么别的原因吗？

这次会议公司哪些高层领导参加了？——中层干部哪些参加了呢？

你认为解决这个问题的主要措施是什么？——除此之外呢？

你认为练好口才靠什么呢？——这些似乎都挺重要，最重要的是什么呢？

对这件事大家有什么不同意见？——主流的意见呢？

3. 总分关系

总分关系是一种最常见的连贯提问。总与分的不断延续，就像在山区道路开车，一会儿往上，一会儿往下。在持续的思考、演讲与写作中，大部分都是在总与分两种状态下展开思路。总分关系不是单一的关系，它还包括种属关系、构成关系（整体与部分、全部与局部）。

种属关系又叫属种关系，即反映大类的概念与反映该大类下某一小类的概念之间的关系。例如："树"与"针叶树"、"学校"与"大学"，都是种属关系。构成关系也叫组合关系，或者整体与部分的关系、全部与局部的关系、系统与要素的关系。如何区分种属关系与构成关系呢？比如：男人与人是种属关系，可以说男人是人。大腿与人体是构成关系，但是不可以说大腿是人体，只能说大腿是人体的一部分。

公司员工总人数是多少？—— 其中男女员工分别是多少？（**种属关系**）

公司每年推出多少款手机？——最好卖的是哪几款？（*种属关系*）

最近出版了一本什么新书？——主要包括哪些内容？（*构成关系*）

演讲主题是什么？——具体包括哪些内容？（*构成关系*）

这幅画你喜欢吗？——哪一个部分你认为最好？（*构成关系*）

4. 举例关系

举例关系也叫抽象与具体的关系，也就是在抽象的观点之后，用具体的事例进行说明、解释与示范。观点都是概括性的、抽象的，当人们不好理解或者缺乏具体感知的时候，就要提出关于具体事例的追问。举例通常对应着"立题"的三种类型：说明是什么，解释为什么，示范怎么办。

请问生产关系指的是什么？——可以举例说明吗？可以，比如……（*说明*）

写文章让人容易理解有什么好方法？——为什么要这样做呢？举例说明好吗？好的，比如说……（*解释*）

学会演讲最关键的技巧是什么？——你能举例示范一下怎么立题吗？可以，比如我们……（*示范*）

5. 因果关系

因果关系在本书后面的章节中有详细的探讨。前面说过，为什么这样的问题属于解释性问题，它在解释什么呢？其实是在解释因果关系。在大多数情况下，我们都会展开为什么的追问。甚至，为找出问题的真正原因，我们会连续追问五个"为什么"。

对于因果关系的连贯提问，有的是在解释客观现象，有的是在解释某个观点，有的是在解释某个行为，有的是在解释某个愿望，有的又在解释某个"怎么办"的建议。

今年的天气状况怎么样？——为什么今年的雨水比较多？

你认为明星的收入究竟高不高？——为什么你持有这样的观点？

你参加了今年的公务员考试没有？——为什么你要参加公务员考试？

你大学毕业后希望从事什么职业？——为什么你想做这个？

你认为怎么才能搞好人际关系？——为什么首先要这样做？

6. 反应关系

严格来讲，反应关系也属于因果关系，即某一种环境、措施、行为、事件等引起的人的反应，包括想法与行为等。这种反应关系的连贯提问在叙述中特别常见。比如：

当时有关部门发布了一项什么政策？——这项政策发布之后，你们采取了什么应对措施？

你辞职之后，公司的业务受到什么影响？——老板是怎么应对的？

你们见面之后聊了些什么？——他对你创业的想法有什么意见？

你正式上岗之后，主要负责哪方面的工作？——你当时的心情如何？

他们提出了哪些要求？——你跟他们说了些什么？

7. 递进关系

递进关系是指能够表示在意义上更进一层关系的提问，后面的提问属于更重或更大、更深、更难的方向。

你们公司有没有自己花钱参加学习的人？——这样的例子多吗？

练习口才对你有什么好处？——自信心增强之后呢？

你大学毕业后准备找什么样的工作？——五年以后呢？

你初步的目标是什么？——那你的终极目标呢？

你认为他这样做的目的是什么？——他还有什么更深层次的目的吗？

他达到他的目的了吗？——他还会提出更令人难以接受的条件吗？

8. 延续关系

延续关系与递进关系可能难以确切区分，但在写文章时不必十分纠结区分。这里的延续关系，是在前面的话语之后，向细节、背景、后续、具体等方向展开挖掘提问，不轻易放弃前面开启的话题。

她是一个什么人？——她究竟有什么样的身世呢？

今年公司挣了多少钱？——主要来自哪几个方面呢？

现代都市人的生存状态如何？——他们究竟为什么而焦虑？

听说一个上市公司的老板突然被抓了，究竟是谁呢？——那他的公司后来怎么样了呢？

你认为自己是否需要提升口才？——你希望了解提升口才的具体方法吗？

9. 并列关系

并列关系的连贯提问，是进行横向拓展，扩展思维的广度，使思考更全面、系统，并且防止遗漏。不论是陈述事实，还是分析原因，以及提出对策，都可以通过并列关系的连贯提问，来拓展思路。

在创业过程中遇到了哪些挑战？ ——还遇到什么挑战呢？

老师的主要责任是什么？ ——除此之外还应该做些什么呢？

你认为买房子要考虑哪些因素？ ——还应该考虑什么呢？

教育孩子你认为家长应当怎么做？ ——还有呢？

10. 比较关系

没有比较就没有分别。比较一般分两种，一种叫对比，一种叫类比。对比的目的，是发现事物间的差别，辨别高下，或者找到某一事物的特点。类比的目的，是寻找事物之间的相同点，然后借熟悉的事物，去认识和理解不熟悉的事物。

这个楼盘怎么样？ ——与周边其他楼盘比较如何？

你这学期考试成绩如何？ ——与其他同学考试成绩相比如何呢？

广东顺德在家具产业方面发展水平如何？ ——你们跟顺德比较如何？

赞扬对孩子重要吗？ ——可以把赞扬比喻成什么？

你平时喜欢读书吗？ ——你对读书的喜爱像什么？

11. 转折关系

后面的提问不是沿着前面的提问的方向，就是转折关系，包括转向对立面、直接的质疑、转向新的话题。转向对立面特别常见，包括主观与客观的转折、假设与真实的转折、理论上与事实上的转折等。

创业大计已定，你有什么期望？——想法是好的，但是，你想过自己可能遇到的风险和挑战吗？

我对你的成绩的评价是什么？——但是，你要问我有什么忠告呢？

你认为这件事情从理论上讲合理吗？——从事实上来讲呢？

你最近在看什么书？——有必要读这方面的书吗？

他们对此有什么看法？——你认为他们的看法是中肯的吗？

你的意见如何？——没有人反对或持不同意见吗？

这个话题聊得差不多了吧？——让我们再来谈谈关于项目如何落地吧？

12. 点面关系

点面关系与前面的总分关系是相反方向的连贯提问，总分关系是先问总的情况，后问分的情况；而点面关系是先问个别（点）的情况，再问整体（面）的情况。这是一种扩展式提问。

他业绩情况如何？——公司里还有没有人达到这个水平？

为什么我讲话总是很紧张？——我这种情况普遍吗？

今年春节广州禁止放鞭炮吗？——全国其他城市也禁止吗？

他的语文成绩如何？——他所有学科都不行吗？

13. 述评关系

述评关系指先描述具体的事实，后进行抽象评价。就是要求在掌握具体情况的基础之上，对一个事物进行定性评价，是从分析到综合、从个别到一般、从具体到抽象的过程。

三亚有哪些好玩的地方？（**述**）——三亚是一个一生必游的地方吗？（**评**）

这部电影讲的什么故事？（**述**）——你为它打几分？（**评**）

这款车的开发历程如何？（**述**）——这款车有什么突出的优势？（**评**）

你的日常工作主要做些什么？（**述**）——你喜欢这份工作吗？（**评**）

14. 确认关系

在多个事实的陈述之后，通过确认式提问，对重要性、关联性、真实性、紧迫性等进行确认，也可以说是在进行思路聚焦。

学生作文的困难有哪些？——你认为最大的问题是什么？

你平时爱看哪些书？——最喜欢看的是什么书？

对这个事件有些什么不同的意见？——你认为这些意见有价值吗？

某某最近出事了，你听过哪些传言？——你认为这些传言真实性如何？

解决演讲的难题，要从哪些方面入手？——你认为我需要首先解决的是什么问题？

你当时面临哪些可能的选择？——你最后选择了什么？

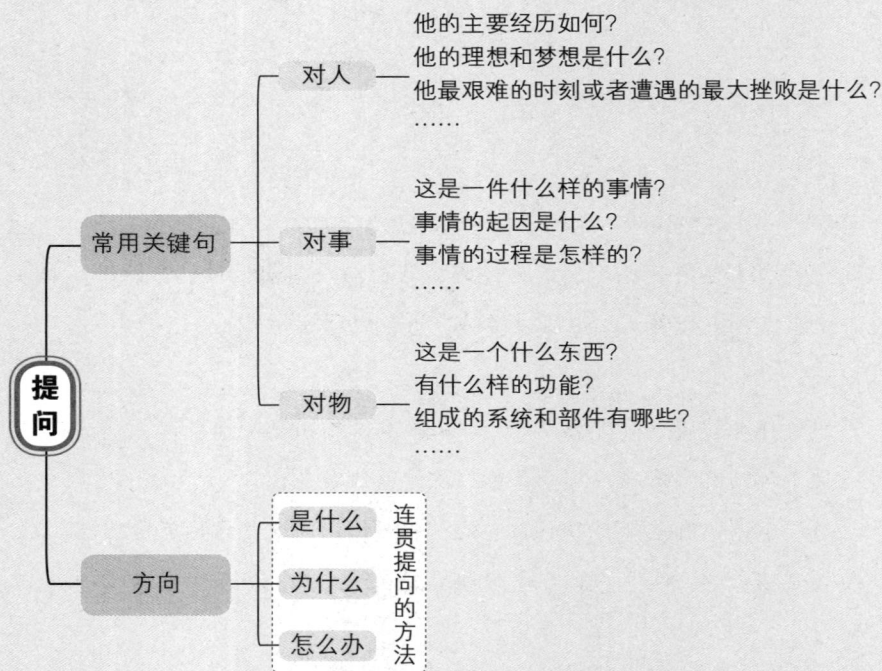

他的主要经历如何？
他的理想和梦想是什么？
他最艰难的时刻或者遭遇的最大挫败是什么？
……

对人

这是一件什么样的事情？
事情的起因是什么？
事情的过程是怎样的？
……

对事

常用关键句

这是一个什么东西？
有什么样的功能？
组成的系统和部件有哪些？
……

对物

提问

是什么

为什么   连贯提问的方法

怎么办

方向

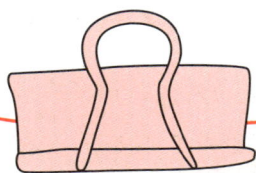

第四章

逻辑

逻辑性究竟靠什么获得

第一节　逻辑究竟是什么

一个缺乏逻辑思维能力的人，通常难成大事。有些成就非凡的艺术家，他们貌似不靠逻辑思维吃饭，但是，就其人生而言，他们也离不开逻辑。逻辑的重要性，不妨看看管理大师大前研一在《思考的技术》一书中的话：

比别人多花两倍时间思考的人，就可以拥有十倍于别人的收入。比别人多花三倍时间思考的人，就能比别人多赚百倍的利润。

解决问题的根本就是逻辑思考力，逻辑思考力不但能够让我们解决问题，我们一般常说的先见之明、直觉也是从逻辑思考中产生的。但是，由于绝大多数人都没养成逻辑思考的习惯，所以就缺少了能够解决问题的思路。

在这个激变的时代，企业经常面对必须解决的问题。就以个人来说，除了工作，每天也必须面对生活上的各种问题。为了解决这些问题，我们必须具备能够导出真正的解决之策的思考路径。

在导言中曾提到，绝大多数人写作的三大困难之一是没有逻辑。没有逻辑的人如果要从事写作，恐怕只适合写诗，而且是写朦胧诗。但是，多数人还是需要写具有逻辑性的各种报告、文案、材料，如果没有逻辑思考能力与方法，几乎无法完成写作任务，即使写出来也不堪卒读。

有的人尝试提升自己的逻辑能力，他们买来形式逻辑的书，打开之后马上傻眼了，因为十分复杂，甚至完全看不懂，不仅不会增强逻辑思考力，甚至会摧毁提升逻辑思考能力的信心。

我不否认形式逻辑价值，但是我相信另一个观点：每个人先天具有逻辑思考能力，或者说它是人的一种潜在能力。因此，在现实的生活中，随着经历的丰富，大脑中的逻辑原理被不断地印证和唤醒，人们似乎越来越"变得"具备逻辑思考力。当然，每个人之间的逻辑思考力还是存在程度上的差别。

逻辑应该分两个层面来看：一是思考层面，一是表达层面。

在思考层面，逻辑是一个非常复杂的问题，甚至是一个几乎无法通过学习提升的学问。即使懂得逻辑原理，也并不能保证你能成为一个有逻辑的人。这个世界的成功，大多数需要逻辑，但并不是所有的成功都由逻辑造就，因此，有许多精英人物，他们也会做出不合乎逻辑的荒唐事情。

就写作来讲，如果希望自己的文章有逻辑，必须符合三条标准：一是有条理，二是有关联，三是有重点。符合这三条标准，文章看上去就会具有很强的逻辑性，当然，内容层面的逻辑性除外。不过要特别提醒大家的是，这里所讲的逻辑性的三条标准，都与"问答思维"紧密相关，也可以说，文章的逻辑性源自"问答思维"中的"提问"。

第二节　逻辑标准之一：有条理

条理的含义包含脉络、层次、秩序，有条理就是有脉络、有层次、有秩序。换一个简单的说法就是清晰。许多人觉得自己的文章逻辑混乱，其实就是没有清晰的脉络、层次和秩序，对头脑中的思绪、想法不进行梳理，或者不知道如何梳理，以至于难以成文；即使勉强成文，对读者来说也像进入迷宫，会产生巨大的阅读障碍。

如何让文章显得有条理，最简单的办法就是归纳概括、分解分类，也就是说，不能一篇文章一段到底。比如，写一篇以写作为主题的文章，题目叫《我手写我心》，只要提出三个问题，也就是三个立题，思路瞬间就会变得清晰：

我在写作方面有些什么困难？

我希望写什么类型和题材的文章？

我该如何提升自己的写作水平？

下面是我的一个学生以《我手写我心》为题目写的一篇短文：

随着自媒体时代的到来，越来越多的人想写点文章。遗憾的是，当我们真的打算写的时候，却发现写作并非易事。

比如我自己，看到别人写公众号赢得了许多粉丝，而且还能接广告挣钱，于是我也开了一个公众号。但是，问题来了。首先，写一篇文章很费时，通常情况下，一篇文章要达到1200字才算一篇像样的文章，但我写一篇1200字的文章，往往要花费三四个小时，还不包括查找资料的时间。其次，坚持日更很痛苦，主要的问题在于找不到话题，几天之后，就觉得自己江郎才尽。第三，粉丝太少，无人喝彩。因为刚开始写，需要一个积累粉丝的过程。我觉得自己文笔不好，这也是影响关注度的重要原因。

我自己希望写的文章是什么类型呢？主要想写亲子教育方面的文章，包括孩子生理与心理方面、孩子能力与素质方面、父母教育孩子和与孩子相处方面。我想写这样的文章，主要是因为我自己是两个孩子的母亲，同时我也是一个心理咨询师，我想把自己的经历与专业知识分享给更多的父母，让他们及其孩子受益。

我现在的写作水平有限，我希望能够达到"我手写我心"的自由写作状态。关于如何提升自己的写作水平，我有以下几个打算：一是报名参加写作训练营，跟着有30多年写作经验的樊老师学习实用的写作技巧；二是勤奋练习，"听一百次课不如写一篇文章"，把从樊老师那里学到的写作技巧运用到文章之中；三是做好写作定位与规划，围绕亲子教育这个大题目，一年内写出300篇文章，让公众号粉丝超过1万人。

我手写我心，梦想一定能成真！

这篇短文很有条理性。有脉络，有层次，有秩序，它都完全做到了。我在写作方面有些什么困难？我希望写什么类型和题材的文章？我该如何提升自己的写作水平？这三个立题，作者也都分别做了回答，没有让它们纠缠在一起，"剪不断，理还乱"；而且，在分别回答的时候，还把"我在写作方面有些什么困难"和"我该如何提升自己的写作水平"这两个立题的答案做了三点式归纳概括。

有人会说，我不喜欢用"第一""第二""第三"这样的序数词，因为看上去很生硬，不够文艺。我认为，如果写文学性的散文，当然可以尽量不用，但是，如果写实用性文章，最好多用，不仅自己的思路清晰，便于驾驭，读者也更容易把握要点。

第三节 逻辑标准之二：有关联

这里的关联主要包括两个方面：一是问题与问题之间的关联，一是问题与答案之间的关联。

跟有关联相反的情况是没有关联，没有关联是因为过于跳跃，没有紧扣前面的问题来回答，或没有接着前面的答案来提问。先来看看问题之间缺少关联的例子：

正常版：

问：你喜欢看电视剧吗？答：我非常喜欢。

问：你喜欢看什么电视剧？答：我喜欢看古装剧。

问：喜欢看喜剧吗？答：不喜欢。

问：为什么呢？答：很多喜剧都不好笑。

缺少逻辑版：

问：你喜欢看电视剧吗？答：我非常喜欢。

问：你吃了早餐吗？答：我吃过了。

问：你经常失眠吗？答：我从不失眠。

问：你喜欢旅游吗？答：旅游的坑太多了。

如果有一个陌生人如同第二段对话一样跟你聊天，明显是没有逻辑的。每一个问答之间都没有关联。

关于问题与回答之间缺乏关联，可以看看一位同学的作文《经常保持微笑》中的一个片段：

在生活中，我发现人们更喜欢与经常保持微笑的人交往。微笑有什么好处呢？

（一）微笑使身体更健康。俗话说：笑一笑十年少，愁一愁白了头。有医学证明疾病大都与心情有关，所以有人生病。不论我们是他的家人、亲戚还是朋友，都要说些开心的事，这样对他的病有一定的好处。

（二）微笑能赢得更多朋友。微笑的人看上去更有亲和力，大多数人都喜欢跟微笑的人交往，不愿意与冷淡的人交往。微笑会有好人缘，可以赢得更多的朋友。

（三）微笑使人更加幸福。你对爱人和孩子的微笑，说明你很爱他们，支持他们。对同事微笑，说明你愿意和他们交往和共事。对朋友微笑，说明你爱他们，包容他们的缺点……所以会更加幸福。

这段文字表面上看没有什么大问题，但是，也有让人觉得不够自然的地方——这也是许多同学容易犯的毛病，就是逻辑性不够强。

这段文字的问题出在哪里呢？

整段文字在回答一个立题——微笑有什么好处呢？作者给出了三个要点：微笑使身体更健康，微笑能赢得更多朋友，微笑使人更加幸福。这个分析框架很好，显示了很好的逻辑性。但是，往下看问题就来了。第一点，微笑使身体更健康。后面省略了一个疑问句：为什么呢？作者从两个方面回答：先用俗语来回答"为什么"；但是，用医学上的结论来回答时，只讲到了跟病人说些开心的事，对他的病有好处，却没有讲微笑对身体健康的好处，这就有些偏题了——没有扣紧前面的疑问。

上面这种缺乏逻辑的问题，在大多数作文中是非常普遍的，由于它是比较隐性的，有的学生也不懂得要扣紧疑问句来展开陈述（即回答疑问），于是不知不觉之间就跑题、偏题了，甚至不知道问题出在哪里。

第四节　逻辑标准之三：有重点

上初中的时候，老师曾讲过散文的特点，叫"形散神聚"或"形散而神不散"。那个时候我十分不得要领，总觉得要把握一篇散文的中心思想是非常困难的。

形散，是指思路不明晰；神聚，是指中心思想明确集中。形散与神聚是矛盾的，绝大多数人并不能让它们保持平衡，所以写文章容易信马由缰、飘浮不定，让读者看不出文章的主旨与重点。

先来看一段叙述体文字，是对古罗马诗人贺拉斯的介绍。

古罗马奥古斯都时期杰出的诗人，也是一位有重要影响的文艺理论家。他推崇希腊文化，早年参加共和派，后支持帝制。他的诗歌题材多样，有的歌颂奥古斯都的统治，有的针对社会生活的一些恶习进行讽刺，有的赞美友谊和田园生活。主要的诗歌作品集有《讽刺诗集》《歌集》等。《诗艺》是贺拉斯重要的诗体作品，他根据自己及同时代人的创作实践，重申了艺术模仿现实的观点，在文艺的功用上，提出了"寓教于乐"的原则；在艺术创作方面，提出了"合式"的原则，即要求一部作品具有统一与调和的美。他的主张对后来的古典主义文艺理论产生了很大的影响。

然后把它还原成问答体再看：

贺拉斯是什么人？古罗马奥古斯都时期杰出的诗人，也是一位有重要影响的文艺理论家。**他有什么政治主张**？他推崇希腊文化，早年参加共和派，后支持帝制。**他的诗歌主要写的是什么题材**？他的诗歌题材多样，有的歌颂奥古斯都的统治，有的针对社会生活的一些恶习进行讽刺，有的赞美友谊和田园生活。**他的主要作品是什么**？主要的诗歌作品集有《讽刺诗集》《歌集》等。**他的文艺理论作品与观点是什么**？《诗艺》是贺拉斯重要的诗体作品，他根据自己及同时代人的创作实践，重申了艺术模仿现实的观点，在文艺的功用上，提出了"寓教于乐"的原则；在艺术创作方面，提出了"合式"的原则，即要求一部作品具有统一与调和的美。**他的文艺理论产生了什么影响**？他的主张对后来的古典主义文艺理论产生了很大的影响。

在原来叙述体的基础上增加了六个问句后，这段文字依然很完整，甚至连原文的标点符号都没有改动。我要强调的是，写作是在自问自答，这篇短文就是一个示范。另一方面，加上的这六个问句表明，这篇短文的重点非常突出，在回答一个核心问题：贺拉斯是一个什么样的人？开头是总述，中间的四个问答是从四个不同的方面介绍贺拉斯的情况，最后一个问答是一个定性的问题：他的文艺理论产生了什么影响？

如何确保文章有重点，除了前面所讲的提问要有关联性之外，还有一个简单的方法，就是问自己一个问题：我这篇文章主要回答一个什么问题？如果能够用20个字来概括文章的中心思想，那就说明文章有重点；如果20个字概括不了，那么文章的内容就太丰富了，说明文章没有重点。

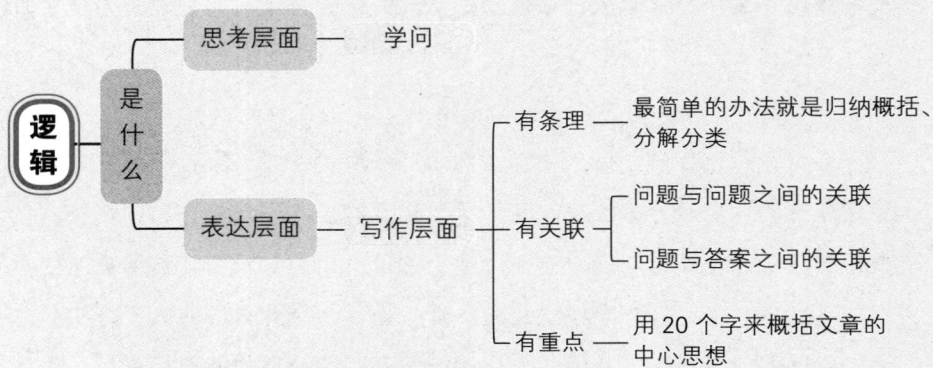

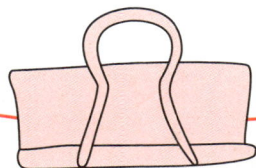

第五章

聚焦

通过立题防止跑题偏题

第一节　立题

一、什么是立题

立题，是我突出的一个工具性概念。什么是"工具性概念"？它与"认知性概念"相对。"认知性概念"解决人们对某一事物的认识问题，也就是知道它是什么；而"工具性概念"解决人们如何采取行动的问题。简单来讲，两者区别如下：

认知性概念=名词

工具性概念=动词

作为一个工具性概念，立题解决写作中的什么问题呢？主要解决思路飘浮、不聚焦、跑题偏题的问题。什么叫立题呢？可以从两个方面来理解。

一是从本质上来讲，立题就是"建立问题"四个字的缩写，指提出一个疑问。写作就是在回答问题，而立题就是指在文章中提出的大问题、主要问题、重要问题、核心问题等。立题区别于"问答思维"中所讲的小问题、次要问题、过渡性问题等。

二是从形式上来讲，立题是一个疑问句。重点强调疑问句。很多跟我学习演讲与写作的学生，经常拿着陈述句问我，它是不是立题，比如："我认为做人一定要讲诚信，是不是立题呢？"这显然不是立题，我告诉他："讲诚信的标准是什么？为什么我们一定要讲诚信？为什么总是有人不讲诚信？怎么与不讲诚信的人打交道？怎么树立自己讲诚信的形象？这些疑问句才叫作立题。"

有人说，我看过好多文章，通篇都没有一个疑问句，更没有立题这个疑问句，这是怎么回事？虽然好多文章没有疑问句，但是，并不等于那些文章没有立题。虽然表面上看他们没有问句，但是字里行间其实充满了问句，只不过被省略掉了，被隐藏了。

立题这个疑问句，也经常被省略。虽然读者在字面上看不到立题，但是聪明的作者脑袋里面一定装着立题这个疑问句，写的文字就是在回答这个疑问句。当然，对于写文章时思维混乱的人来讲，因为他没有明确的立题，写的文章也看不到隐藏的或者未隐藏的立题的问句，所以，他的文章通常是没有逻辑和重点的。

二、立题与"一立三题"的区别

为了加深对立题的理解，下面跟大家区分写作中与立题相关的"一立三题"：立意、话题、主题、标题。

1.立意

立意是一个动词，在写作之前要做好确立文章中心思想与意图这件事情。所谓"意在笔先"，立意产生在写作之前。

立意也是一个名词，也就是立意作为一个动作的结果，包括作者通过文章所要表达的思想观点，以及写作意图及动机等。此时的立意可以等同于主旨或主题。从这个角度来讲，立意要求包括四个方面：

（1）立意正确：文章表达的思想观点与情感要符合主流的价值观，能给人以积极的启发和引导。

（2）立意集中：文章应当集中表现一个中心，而且行文要紧扣中心，不能偏离。

（3）立意新颖：避免陈词滥调，尽量写前人未曾表达过或者不同的观点。

（4）立意深刻：避免泛泛而谈，空洞无物，要透过表象挖掘更深层次的意蕴。

立意与立题的根本区别在于，立意主要指观点，是一个陈述句，立题是一个疑问句；一般而言，立题是在立意这个陈述句之后展开的追问。

2.主题

主题是指文章中所要表现的中心思想，也就是主旨。换个说法，主题就是作者所要表达的基本观点。也有人用主题这个词泛指文章的主要内容。

如果主题指的是观点，那么它就是陈述句，而立题则是在主题（观点）基础上提出的疑问句，这是主题和立题之间最大的区别。

3.话题

或称为议题，是指文章内容所涉及的范围。话题本身并不涉及观点，在一个特定的话题内，往往会有各种不同的观点，同样的话题不同的人来写，可能观点一致，也可能观点针锋相对。

话题也分为不同的层次：广义来说，一般分为政治、经济、文化、历史、科学等方面，大致按学科或者人类活动性质来划分；其次可以按具体的人类活动来划分，比如创业、婚姻、上学、看病、读书、打工、过年、看电视剧、旅游等；话题还可以按具体的事件来划分，比如最近热门的新闻事件等。

同一个话题，作者可以写不同的立题，也可以表达不同的立意。

4.标题

标题是文章的门面，是标明内容的简短语句，标题可以使读者了解文章的主要内容和主旨。

标题在形式上可以是一个字，可以是一个词，也可以是一个短语，而最常见的则是一个句子。以字、词和短语为标题，比如《早》《悔》《恒》《饺子》《读书》《写作之道》《交友与口才》，这样的标题并没有亮出作者的观点，只是表明了话题的范围。

更多的文章标题以句子的形式出现，并且亮出了作者的观点，比如《没有沟通力就没有竞争力》《世界上没有免费的午餐》等；或者对某个问题的答案做出提示，比如《软文的写作技巧》《与同事交往的12种正确方式》等。

现在自媒体发达，为了吸引眼球，许多文章的标题都设计成疑问式，如《如何制作小程序？》《怎么克服公众演讲的紧张？》《公文写作的十大难点是什么？》《为什么网络喷子这么多？》等。

特别提醒，除了只是标明话题范围的字、词和短语的标题外，其他的标题要么是在提出疑问，要么是在回答疑问，而且所有的疑问都可以概括为"是什么""为什么""怎么办"这三种类型。

第二节　立题的类型

立题是疑问句，但并不是所有的疑问句都能够称为立题。如果按封闭与开放来划分，封闭式的疑问句就不能作为立题，因为它们的答案非常简单，只需要"是与不是""赞成与反对""喜欢与不喜欢""好与不好""行与不行""要与不要""对与错"等这样简单的一两个字即可。

开放式的疑问句才能作为立题，因为立题需要展开做比较详细的回答。开放式的疑问句就是"是什么""为什么""怎么办"三种"元问题"或称其为"元疑问"。后面将用专门的章节详细讲解说明这三种立题，此处只做简单的说明。

第一种"是什么"，是关于事实的疑问，可以称之为描述性问题。它引出的答案包括事实、现象、表现、特征、过程、结果、观点、标准、要求、想法、体验、感受等。"是什么"包括客观与主观，客观是对纯粹客观世界的疑问，主观是对人类主观世界的疑问。比如：

深圳房地产市场目前的基本情况如何？（"客观是什么"）

深圳市民对房地产的期待是什么？（"主观是什么"）

今天的天气状况如何？（"客观是什么"）

你喜欢什么样的天气？（"主观是什么"）

第二种"为什么"，是关于原因的疑问，可以称之为解释性疑问。它引出的答案是对事实、现象、结果、观点、行为等背后原因的解释。可以说，"为什么"是基于"是什么"而提出来的，每个"是什么"的答案后面都可以追问"为什么"。因此，基于"是什么"分为客观和主观，"为什么"也可以分为客观和主观。

在日常语言中，会把"客观为什么"称为"客观原因"，把"主观为什么"称为"主观原因"，我认为比较恰当的说法应该是："客观为什么"称为"原因"，"主观为什么"称为"理由"。比如：

为什么地球会自转？（"客观为什么"）

为什么我喜欢四处旅行？（"主观为什么"）

为什么国家会推行延迟退休？（"客观为什么"）

为什么我会选择自主创业？（"主观为什么"）

第三种，"怎么办"，关于办法的疑问，可以称为规定性疑问，也就是针对某一问题（欠缺、不足、毛病等）提出的解决办法，或者针对某一目标提出实现目标的对策、措施等。比如：

如何战胜拖延病？（"解决问题怎么办"）

怎么解决团队缺乏凝聚力的问题？（"解决问题怎么办"）

怎么快速提升写作水平？（"实现目标怎么办"）

如何快速写出容易吸引读者眼球的标题？（"实现目标怎么办"）

有的人分不清"是什么""为什么""怎么办"，分不清的情况有三种：

第一种，"为什么"与"怎么办"用"是什么"的形式表现，这种情况只需要换一个提问方式。比如：

我参加这次比赛的原因是什么？——为什么我要来参加这次比赛？

我向大家推荐这本书的理由是什么？——为什么我要向大家推荐这本书？

公司推出这种新的营销策略的背景是什么？——为什么公司要推出新的营销策略？

采取这个专项行动的重要意义是什么？——为什么要采取这个专项行动？

提升阅读效率最可行的方法是什么？——怎么提升阅读效率？

快速拉近人际关系的建议是什么？——怎么快速拉近人际关系？

常用的幽默技巧是什么？——怎么让自己更有幽默感？

防止被人欺骗的对策是什么？——怎么防止被人欺骗？

你想提升销售业绩的打算是什么？——怎么提升你的销售业绩？

第二种，疑问用事实来回答，要么是客观事实，要么是主观事实。事实（不论客观还是主观）都存在于因果链条中。它究竟属于"是什么"，还是"为什么"，还是"怎么办"，这种情况，关键是看怎么使用它。比如：

90后员工有什么特点？——"是什么"的立题，直接列出90后员工的特点作为答案即可。

为什么对90后的员工要这样管理？——"为什么"的立题，可用90后的特点作为答案，来解释为什么要这样管理。

怎么管理好90后员工？——"怎么办"的立题，可以用如何管理90后员工的具体措施作为答案，当然不能脱离90后员工的特点。

第三种，"是什么""为什么"最终指向"怎么办"。写文章一定要写"怎么办"。事实上，可以把"是什么"与"为什么"的内容，装进"怎么办"之中。比如，以《如何过上幸福的生活》为题写一篇文章，先来看看如何分别写"是什么""为什么""怎么办"。

第一段写"是什么"，即幸福的生活是怎样的，也就是自己心目中的幸福生活的标准是怎样的？

第二段写"为什么"，即为什么人人都渴望过上幸福的生活？

第三段写"怎么办"，即怎么才能过上幸福的生活？也就是要做些什么，幸福的生活才会来临？

如果把"是什么""为什么"都装进"怎么办"里面，又是怎么样的呢？

第一段写，要清楚幸福的生活是怎样的？

第二段写，要清楚自己为什么渴望过上幸福的生活？

第三段写，要清楚具体怎么努力与付出才能过上幸福的生活？

以上两种写法在内容上几乎没有区别。把所有想要写的内容都装进"怎么办"，其实就是把相关内容都变成行为要求，即在话语前面都加上一个"要"字。"怎么办"的立题，在回答的时候，一般在句首可以加上"要"或"不要"的前缀，就变成"怎么办"的疑问。

第三节   立题与答案的对应

写作就是在回答疑问，这是"元写作"的核心和底层逻辑。如前所述，立题分为三种类型："是什么""为什么""怎么办"。这三种"元问题"几乎囊括了所有类型的问题，"是什么"是在"摆事实"，"为什么"是在"讲道理"，"怎么办"是在"提要求"。简单罗列如下：

"是什么"——描述性疑问——事实——摆事实

"为什么"——解释性疑问——原因——讲道理

"怎么办"——规定性疑问——方法——提要求

生活中经常说，在沟通讨论问题的时候一定要做到"摆事实，讲道理"。这句话有道理，但是不全面，还要在后面加上"提要求"。写文章，在形式上可以说是回答"是什么""为什么""怎么办"这三种问题；在内容上可以说是在"摆事实""讲道理""提要求"。

在通常情况下，上述三个立题应该分别展开回答，即"是什么"对应"摆事实"，"为什么"对应"讲道理"，"怎么办"对应"提要求"。

但是，要特别强调的是，学习任何知识与技能绝不能教条主义，生搬硬套，而不懂得融会贯通，举一反三。因为，有时候，问与答不能简单、直接地对应。

来看一篇我写的《读书是为了什么，为什么读书人容易被欺负？》：

"读书是为了什么，为什么读书人容易被欺负？"这是我在网上看到的一个问题。问这个问题的人一定是读过不少书的人，而且是被人欺负过的人。

我还算是读过不少书的人，但是没有感觉被人欺负过——或者是被人欺负了而不自知，因此我想来回答这个问题。

首先说读书是为了什么？这个问题的答案可以列出一长串，可以叫作读书的100个理由。但是，绝对没有一个理由是为了让别人欺负。相反，读书是为了出人头地，为了让自己不别被人欺负。

大致来讲，读书是为了以下这些目的：

第一，满足好奇。书里面的世界很精彩，可以满足读者的十万个为什么。

第二，学习技能。比如炒菜，没有师傅教，拿本菜谱也可以学习。

第三，打发无聊。有的人无所事事，看点言情、武侠小说，时间很快就过去了。

第四，出人头地。这个读书的含义广泛一些，包括上小学、中学和大学，尤其是乡下孩子、寒门子弟，可以通过知识改变命运。"书中自有黄金屋，书中自有颜如玉""学而优则仕""十年寒窗无人问，一举成名天下知"，讲的都是这个道理。

第五，获取谈知。现在有种说法叫知识是"社交货币"，也就是说，跟人交谈的时候，有可以交换的东西。否则人家会认为你无知无趣。

　　再来说说为什么读书人容易被欺负？得先纠正一下，并不是所有的读书人都会被人欺负，只有一部分读书人会被人欺负。因此，说清楚哪些读书人会被人欺负，就等于回答了为什么读书人容易被人欺负的问题。大致有以下一些读书人容易被人欺负：

　　第一，身体瘦弱的读书人。这里有一个特殊的因果关系：在古代，身体强壮的人就去习武或行走江湖了，而身体瘦弱的人通常足不出户地读书，因此，大家普遍认为读书人的身体素质没那么好，更好欺负。

　　第二，书呆子。这种人可能读书不少，但是社会适应能力比较差，因此往往人缘不好，容易被孤立，也容易被欺负。

　　第三，寒门书生。中国古代科举考试的很重要的意义就是让普通百姓可以通过读书改变个人与家族的命运。但是，在读书人刚刚获得一点地位，还没有获得更广泛与强大的社会支持时，自然斗不过那些背景深厚的豪门贵族，就有可能被欺负。

　　第四，"想多了"的读书人。莎士比亚名著《哈姆雷特》中有一句台词："审慎的思维让行动蒙上了一层灰色。"意思是，有些人遇到问题与挑战时"想多了"，因此行动力不足，瞻前顾后，于是忍字当头，很容易被人欺负。

　　总之，读书绝不是为了让人欺负，读书之后更不能让人欺负，读书是为了让我们更强大！

　　解读一下上面这篇文章——

　　文章的标题，是一个疑问句式标题，可以说，标题直接给出了两个立题：一是，读书是为了什么？它看似是一个"是什么"的立题，其实是"为什么"的立题，即人们为什么而读书。二是，为什么读书人容易被欺负？毫无疑问，这是"为什么"的立题。

文章开头的两个自然段，分别从两个方面说明为什么要写这篇文章——这是绝大多数文章的套路，开篇说明为什么写这篇文章，或者为什么要写这个题目。虽然回答的是一个"为什么"的疑问，但这种开头的铺垫，不能把它视为立题。

第三个自然段开始切入第一个立题"为什么读书？"。但是这里没有直接回答，而是绕了一个小圈子，说读书绝不是为了被欺负，而是为了不被人欺负。强调这个观点，是为了与"读书人容易被欺负"形成强烈对比。有了这个过渡之后，接着列举了五个读书的目的。可不可以直接罗列六个目的呢？当然可以，但是，那样的话文章就有点刻板，会失去一些趣味性。

写完为什么读书之后，再写为什么读书人容易被欺负。这里没有直接回答，也绕了一个小小的圈子，把立题中可能产生的误会厘清："读书人容易被欺负"不等于"所有读书人都容易被欺负"。通过这样一个解释，把立题由"为什么"转换成"是什么"，即什么样的读书人容易被欺负。通过罗列四种容易被欺负的读书人，读者就明白为什么有些读书人容易被欺负，从而懂得自己该做什么样的读书人。

总结一下，立题之后如何回答，可以分为两种模式：一种叫直陈式，即直接回答立题；一种叫迂回式，即立题之后可以绕个圈子，或厘清问题，或做个解释，或做点铺垫，再回答立题。

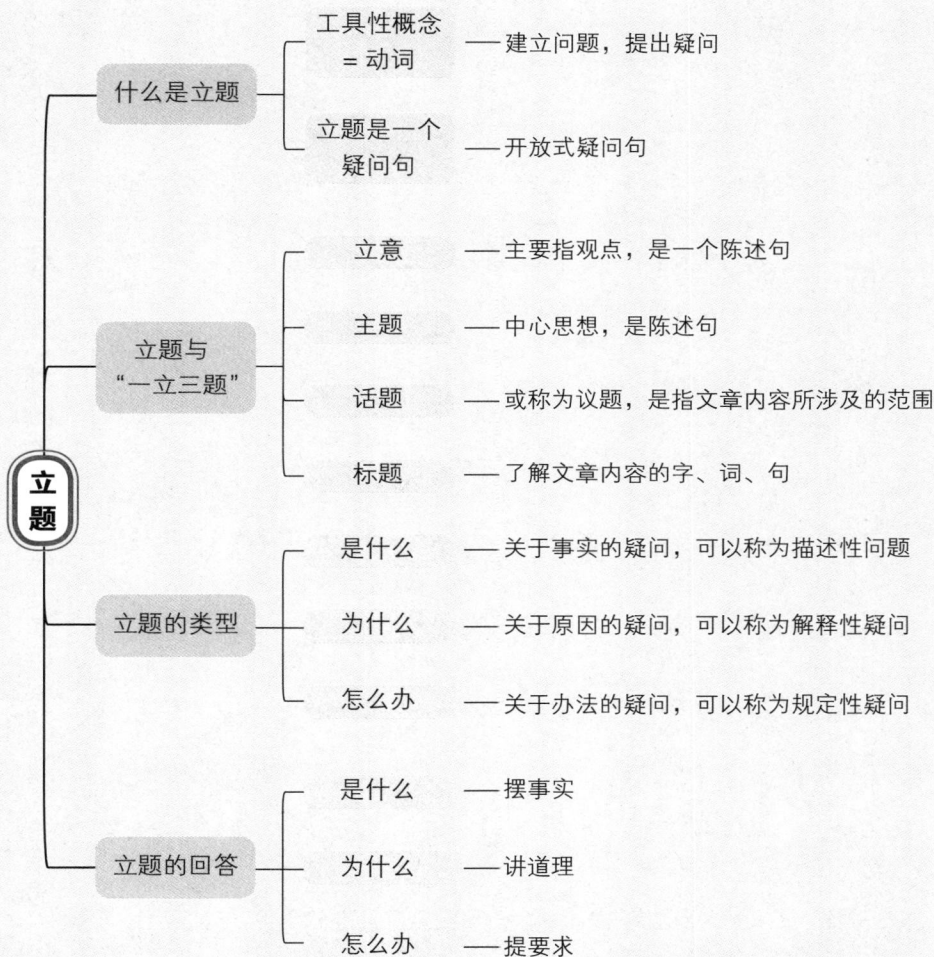

什么是立题
- 工具性概念 = 动词 —— 建立问题，提出疑问
- 立题是一个疑问句 —— 开放式疑问句

立题与"一立三题"
- 立意 —— 主要指观点，是一个陈述句
- 主题 —— 中心思想，是陈述句
- 话题 —— 或称为议题，是指文章内容所涉及的范围
- 标题 —— 了解文章内容的字、词、句

立题的类型
- 是什么 —— 关于事实的疑问，可以称为描述性问题
- 为什么 —— 关于原因的疑问，可以称为解释性疑问
- 怎么办 —— 关于办法的疑问，可以称为规定性疑问

立题的回答
- 是什么 —— 摆事实
- 为什么 —— 讲道理
- 怎么办 —— 提要求

立题

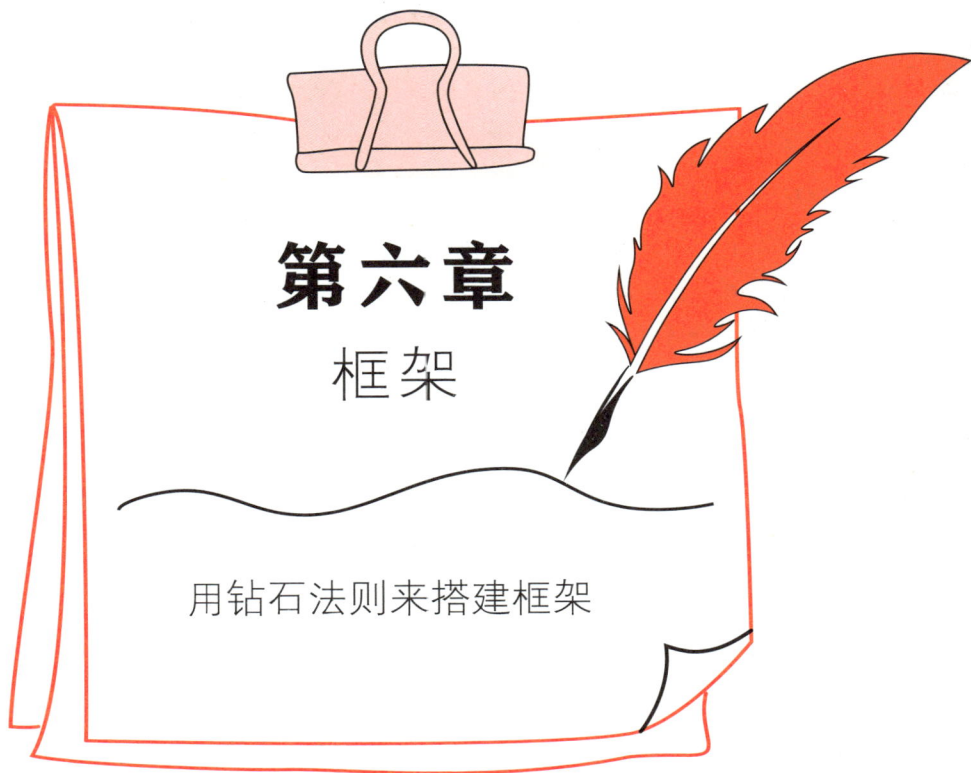

第六章

框架

用钻石法则来搭建框架

第一节　为什么要有框架

框架，原是建筑学中的一个概念，指在建筑工程中，由梁、柱等联结而成的结构。引申到写作中，框架指的就是文章的组织结构。如果一幢楼房的框架结构有问题，它就容易倒塌；如果一篇文章的框架结构有问题，就不会是一篇好文章。也可以说，如果没有一个好的框架结构，根本就写不出文章。很多人拿到题目后无从下笔，是因为无法建立文章的框架结构。

一、理性与感性的平衡

有的人比较排斥条理分明的文章，甚至以讽刺的口吻称之为"八股文"，认为文章应该文采飞扬、汪洋恣肆、一泻千里才是好文章，不能表现出明显的理性成分，为此甚至故意隐藏文章的逻辑线索，以至于看不出文章的框架结构。我觉得，不论写作还是演讲，必须让感性思维与理性思维两者平衡，才是最好的表达方式。美国作家艾丽斯·马蒂森在《写作课》一书中关于感性与理性的关系的一段话我是非常认同的：

完全依循感觉自由挥洒，但却弃理性于不顾的写作方法，当然可以表现出更强烈的生命力。不过这样的作品往往会有诸多问题，比如指代不详、结构松散、主题凌乱，或者某些方面啰啰唆唆，但其他方面又漏掉了重要元素。即使有一些美感，也会被通篇的陈词滥调和作家的自我沉溺毁灭殆尽。失去理智的情感宣泄满足了业余作家的自我表达欲，但读者显然无法从中得到愉悦的阅读体验。从另一个角度讲，理性写作确实可以让作品更合规范，但如果完全摒弃感性元素的话，往往又会使作品缺乏生命力。可以说，为追求理性而抛弃感性，这本身就不理性。

当然，不同的文章，理性与感性的成分、比例肯定有所不同，其框架结构的显现也是不同的。有的文章一眼就可以看出其结构，有的则把结构隐藏起来，必须细细品读才能领会。通过下面这张图，可以大致区分不同文章框架的显与隐。

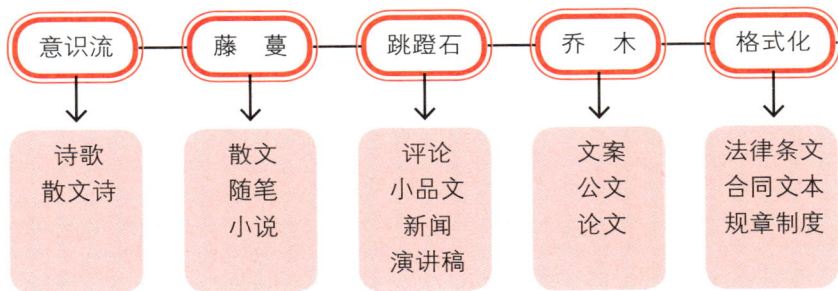

图 2　五种文章框架

可以按文章框架显与隐的程度分为五种情况：

第一种是最极端的、框架最不明显的意识流结构。意识流是一种文学流派，这个流派的小说特别注重对人物意识活动本身的描述。意识流也是一个心理学术语，是美国机能主义心理学先驱威廉·詹姆斯提出的，他认为人的经验意识是一个统一的整体，但是意识是不断变化的，从来不会静止。因此，在本书中我借用了意识流这个概念，用它来指代框架最不明显的文章：诗歌和散文诗，它们几乎是意识流的直接呈现。

这种意识流结构并非全然没有结构，只不过一般人看不出来而已。

美国作家塞缪尔·厄尔曼写过一首脍炙人口的散文诗《青春》，由著名诗人、翻译家王佐良先生翻译成中文，大家可以找来研读一下。这首散文诗虽然形式上比较散，甚至可以说是非常散，但是，作者的思路即文章的框架结构还是可以用"元写作"的方法还原出来（也就是说，散文诗也离不开"问答思维"）。整体而言，《青春》是一个经典的"是什么—为什么—怎么办"的结构（即"空—雨—伞"结构，后面的章节会专门介绍），分别回答了三个立题：青春是什么？为什么要永葆青春？怎么永葆青春？

第二种叫藤蔓型。藤蔓是一种植物，由于它的茎比较软，不能直立，所以只能弯弯曲曲地生长，如果有几根一起发芽，就会纠缠在一起，很难理出头绪。这种类型的文章包括散文与随笔，其特点就是所谓的"形散而神不散"——话虽如此，许多散文与随笔还是不太容易看出其结构的。

第三种是跳磴石型。跳磴石，在农村或风景区比较常见，是在河道上水浅的地方垒起的相距不远的石头，人们可以踩着这些石头过河。对于写作来讲，跳磴石结构也可以称为"公交车线路"结构。要从此岸到彼岸，如果河中间没有跳磴石，就很难过去。如果把每一块跳磴石都当成一个问题，而其中的距离则是在回答问题。假如提出10个问题，回答完毕后，文章就完成了。多数文章，比如评论、小品、新闻、演讲稿等，其结构基本是跳磴石型。

大约在20岁的时候，我买到一本美国人写的关于写作的书。书名已经记不得了，书也弄丢了。但是那本书教会我一生受用的东西：用关键词串联的写作方法。打草稿的时候，先充分地联想，把想到的关键句、关键词写到纸上，然后进行有逻辑顺序的排列。下笔写文章的时候，围绕关键词和关键句逐步展开，关键句和关键词用完了，文章也就写完了。这个方法，差不多等同于跳磴石的方法。

第四种是乔木型。乔木指树身高大的树木，由根部生出独立的主干，树干和树冠有明显的区分。乔木型结构的文章，其框架结构比较明显，文章的条理比较分明。文案、公文、论文等，都属于乔木型结构。

第五种是格式化。格式化也可称为条文型，这样的文章大都使用多级序数词来对内容进行分割，条理非常清晰，框架结构一眼就能看出来。写法律条文、合同文本、规章制度等文章，必须使用这种形式。

从框架来看，文章有两个极端：一端是纯意识流，一端是格式化。但是，这其实只是形式上的差别。意识流表现得更随意，格式化表现得更刻意。就像穿衣服，要穿，是理性，是必需，而如何穿，穿得随意还是讲究，只是形式的不同。

二、填空式写作

如果写文章没有逻辑，就容易让读者陷于混乱。当然，一部分文学类的文章可以不重视逻辑，只需要通过意象的呈现与情感的渲染，令读者感受到某种情感冲击就可以。但非文学类的文章，如果没有严密的逻辑，就不可能是好文章，更不能让人理解与被说服。

非文学类文章，必须以理性的思维来搭建框架，建立严密的逻辑结构，然后借助感性的思维让文章的内容丰满与多姿多彩。就像一幢楼房，土建部分必须遵循理性主导的科学原则，而装修部分可以遵循感性主导的艺术原则。

虽然框架给思维制造了某种约束，但这种约束有利于思想的表达。正如中国古代的格律诗词，就是形式美与内容美的完美结合。格律，是中国古代诗歌独有的创作规则，是指在创作时格式、音律等方面所应遵守的准则。在古代，诗歌遵循格律，也是其美感的重要体现。

按照格律作词，必须严格地按照格律选字用韵，所以叫填词。因为类似于填词，所以我把"元写作"也称为"填空式写作"。"填空式写作"指通过提出一系列疑问搭建框架，往框架中填充相应的内容。没有一个好的框架，就会想到哪儿写到哪儿，很快就会写不下去。就算勉强写完，也很难让人读下去。

总结一下，为什么需要框架？从作者角度，有利于组织语言，不至于信马由缰，不着边际；对读者而言，有利于阅读，容易把握作者的思路与文章的脉络。

第二节　钻石法则

如何搭建框架？必须采用"钻石法则"。钻石法则是我认为的写作与演讲的核心技术，其关键用途就是搭建文章和演讲的框架。钻石法则用公式来表示如下：

钻石法则=三段论+三点式

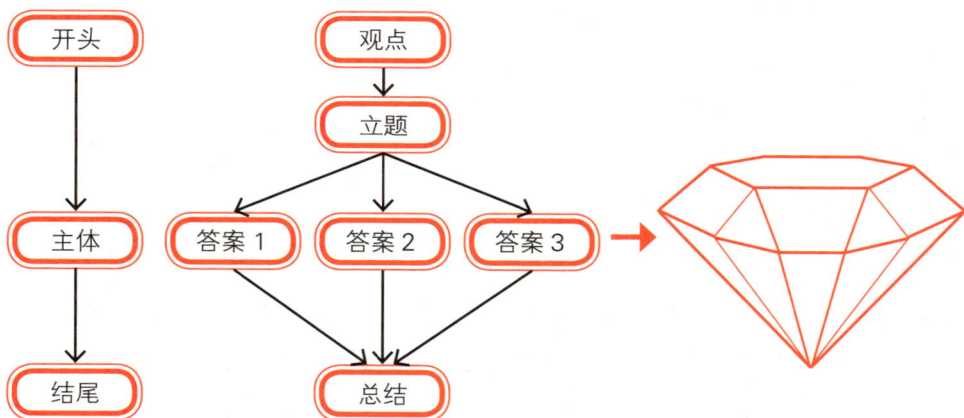

图 3　钻石法则

　　走路或者开车有线路，画下来就是地图。写作有思路，把思路画下来，就有点像一颗钻石，因此我把它称为"钻石法则"。还有一个原因是，这个法则非常坚实且经得起考验，就像钻石一样。

　　钻石法则的"三段论"指"开头""主体""结尾"，"三点式"则指主体部分分为三点（或者更多）阐述。

　　钻石法则如何运用呢？

　　"开头"用一句话或一段话提出一个观点，然后提出一个问题（就是"立题"）；接着进入"主体"部分，展开三点或更多点回答立题；"结尾"部分则或总结，或强调，或呼应，或升华。

　　但是，对钻石法则的理解不能过于简单和死板。比如，文章总是用一句话、一段话或几段话来说明一个观点、一个概念、一个思想、一个事件、一个物品、一个人物等，就是一个意群。一个意群即一个基本单元，它通常可以用钻石法则来构造。为了叙述方便，我把按照钻石法则写成的一段文字称为"一颗钻石"。概而言之，钻石法则在一篇文章里有六个层次的表现：

　　一句话就是一颗钻石

　　几句话是一颗钻石

　　一个自然段是一颗钻石

　　几个自然段构成一颗钻石

　　一篇文章就是一颗钻石（其中可能包含若干小钻石）

　　一篇文章由两颗、三颗、四颗或更多颗钻石构成

　　第六种表现，也就是整体思路与谋篇布局的不同，将在第十二章里详细说明，这里只要记住一个等式：

　　一颗钻石=一个意群=一个基本单元

　　一个基本单元，就像一幢楼的一套房子，其基本结构、框架相同或

者相似，合起来就成了一幢楼。一般房子的构成是：入户就是客厅，四周则分布有主卧、次卧、厨房、卫生间、阳台等。如果有房子进了门就是卫生间，然后是主卧，接着是厨房，穿过去是阳台，然后是客厅，就很不合理。

钻石法则本质上是"总分总"结构。按照一般的理解，"总"是提出一个观点，或者是概括性的结论；"分"是对观点或结论进行展开阐述、分析、论证与说明。但是这样理解不利于实际操作。

"总分"关系的本质，是问与答的关系。也就是说，开头的"总"，是交代背景由来和基本观点，之后提出一个问题；后边的"分"，即是对主体部分展开三点或多点的回答。即：

总=问

分=答

"总与分"的关系，实际上是"问与答"的关系。如果只看到表面的总与分，就没法弄清文字前后的逻辑关系，写起来就会没有章法。

许多人写文章，基本上都写的是"散文"——这个散文不是文学体裁，而是"散乱的文章"之缩写。比如下面这个短文：

学生该不该穿统一的校服上学，社会上有许多的争议。我作为一个家长，我觉得学生应该穿统一的校服上学。让学生统一穿校服，首先可以增加学生对学校的归属感，尤其对名校的学生来说，校服更是身份的标志。而且学生穿统一的校服，也容易让学生的身份易于辨识，这就像不同的职业穿不同的制服一样。

而且现在社会上有一股强烈的攀比之风，穷人家的孩子穿得差，富人家的孩子穿得好，容易造成不必要的心理伤害。同时，统一穿校服有利于培养学生的团队精神，强化学校的整体形象，增强集体荣誉感。另外，穿校服可以随时提醒学生，增强学生的纪律性，保持自己的言行举止恰当。

总之，我支持学生穿统一的校服上学，因为这样做有很多的好处。

看了这篇"散文"，很难迅速把握要点。恐怕很多人在语文课上，最怕的就是老师说概括一下某篇文章的段落大意和中心思想。

下面我把它按照"钻石法则"梳理一下：

我赞成学生穿统一的校服上学。为什么赞成呢？因为可以达到三个"有利于"。

第一，有利于增强学生的集体荣誉感。让学生统一穿校服，有利于强化学校的整体形象，培养学生的团队精神，增加学生对学校的归属感，增强集体荣誉感。同时，穿校服可以增强学生的纪律性，可以随时提醒学生，使之认清自己的身份，注意自己的言行举止。

第二，有利于避免学生之间的攀比之风。由于学生家庭经济收入与消费观念的差别，现在学生的穿着攀比很严重，让学生统一穿校服，可以消除当前越来越突出的学生讲穿着、讲排场、互相攀比的不良风气，也可以保护家庭经济条件一般的学生的心灵不受伤害。

第三，有利于加强对学生的保护。对于学生来说，校服是身份的标志，就像社会上的一些职业需要穿制服一样，让学生统一穿校服，不仅易于辨识学生的身份，而且有利于社会各界重视对学生群体的保护。

总之，我觉得穿校服上学有很多好处，所以我赞成学生穿统一的校服上学。

用钻石法则梳理之后，这就是一篇很好的"钻石法则"范文，框架结构清晰，让人一目了然，不再是"散文"，令人不得要领。"开头"部分：开篇的句子表明观点。接着立题——为什么赞成？整篇文章就是在回答这个立题。然后是过渡句，起到重要的提示作用——可达到三个"有利于"。"主体"部分：分成三点分别展开，而且做了概括提炼，用的是同构法。其他文字，照原文合并同类项，重新排序，适当增加几句话，以保持结构均衡与意思连贯。"结尾"部分，做一个小结，强调自己的观点。

也许有人会说，所有的文章都按钻石法则来写，岂不是千篇一律吗？

当然不是，一方面，钻石法则的运用是有变化的，后面会专门讲；另一方面，即使用钻石法则，一篇文章一颗钻石，依然可以写出好文章，只要思想观点独到、深刻。

第三节　常见的框架结构

用钻石法则，一颗钻石可以构成一篇较简单的文章。但是，很多文章需要较长篇和较复杂的结构写就，也就是需要用多颗钻石构成一篇文章。在讲述与立题相关的通用结构之前，先介绍三种文章通用框架：

第一种，哑铃形框架。由两颗钻石构成，即有两个立题。开篇之后，先立题，展开回答；过渡之后，再立题，然后展开回答。

第二种，鱼骨形框架。由多颗钻石构成，开篇之后，不断进行立题，不断展开回答。我也把它称为"公交车线路图框架"，车站的圆点代表立题，圆点之间的路程用来回答立题。"空—雨—伞"法就是最经典的鱼骨形框架，用它来写作文非常适合。长篇的学术文章或工作报告，也可以采用这样的框架。

第三种，金字塔形框架。适用于较长的文章，实质上是大钻石套小钻石，即主体分解成多点之后，每一点又再立题，往下分解，整个文章就分成了更多的点。如果有必要，还可以再往下分。

下面介绍跟立题性质与逻辑相关的四种叙述模式。写文章就是在回答"是什么""为什么""怎么办"这三种"元问题"。理解了这个模式，就很容易理解以下所要讲的通用结构。

1. 从问题开始

这里的"问题"指的是毛病、欠缺、不足等。写文章时，可以直接切入问题，并以此来设计文章结构。

开头——简要说明写作背景，交代要写的话题。比如，青少年成长过程中主要存在哪些问题呢？

主体——分点论述。比如，我认为青少年成长过程中主要存在三个问题。第一个问题：学习动力不足。具体的表现是什么？为什么会出现此问题？怎么解决这个问题？第二个问题：人格比较自我。具体的表现是什么？为什么会如此？怎么解决这个问题？第三个问题：缺乏沟通能力。具体的是什么？为什么缺乏沟通能力？怎么提升沟通能力？

结尾——概述问题及原因，提出总体性要求。

说明：这种方法是从"是什么"立题开始。开头的立题是：青少年成长过程中主要存在哪些问题呢？然后分别从三个问题展开陈述，分别讲了"是什么""为什么""怎么办"。

2. 从观点开始

很多人讲话时喜欢说："今天我想借这个机会跟大家讲三句话……"这其实是一种从观点开始的讲话结构。写文章也可以用这种方法。

开头——简要说明写作背景，交代要写的话题。

主体——我想跟大家分享三个观点。第一个观点：世上没有免费的午餐。这句话是什么意思？为什么要讲这个观点？怎么对自己的生活和事业负责？第二个观点：面朝大海，春暖花开。奋斗目标是什么？为什么必须有美好的向往？怎么才能得到自己想要的生活？第三个观点：不讲过程，只讲结果。怎么理解这句话？为什么只讲结果？怎么才能有结果？

结尾——概述现状，提出希望和要求。

说明：这种方法也是从"是什么"立题开始的。开头的立题：我的观点是什么呢？然后围绕着观点，分别展开"是什么""为什么""怎么办"的陈述。不过要注意，三个观点其实也分别回答三个问题：为什么要对自己的事业和生活负责？答：世上没有免费的午餐。我们想要的生活是怎样的？答：面朝大海，春暖花开。怎么才能得到自己想要的生活？答：不讲过程，只讲结果。

3. 从原因开始

比如，文章的题目是《为什么很多人都害怕公众演讲？》，题目已经表明，要讲的内容是分析原因。因此，可以用原因来构建文章结构。

开头——简要交代要写的话题。

主体——为什么很多人害怕公众演讲？我分析有三个原因：一、不重视。不重视的表现？为什么会不重视？怎么重视起来？二、缺训练。缺少训练的表现？为什么会缺少训练？怎么加强训练？三、没经验。没有什么经验？为什么会没有经验？怎么增加经验？

结尾——概述原因，简要提出建议和希望。

说明：这种方法是从"为什么"立题开始的。要注意的是，每一个原因都要分别展开"是什么""为什么""怎么办"的陈述。

4. 从办法开始

讲办法就是讲"怎么办"。很多时候，可以直接为读者上"干货"，切入"怎么办"。比如：

开头——简要交代要写的话题。

主体——今天跟大家探讨一个题目《怎样讲好一个故事》。第一，要讲离奇的故事。什么是离奇的故事？为什么要离奇？怎么找到离奇的故事？第二，要有激烈的冲突。什么叫冲突？为什么需要冲突？怎么表现激烈冲突？第三，要有意外的结局。什么结局是意外的？为什么要有意外的结局？怎么让结局超乎预料？

结尾——总结方法，强调重点。

说明：这种方法是直接从"怎么办"立题开始的。要注意的是，每一个建议都要分别展开"是什么""为什么""怎么办"的陈述。

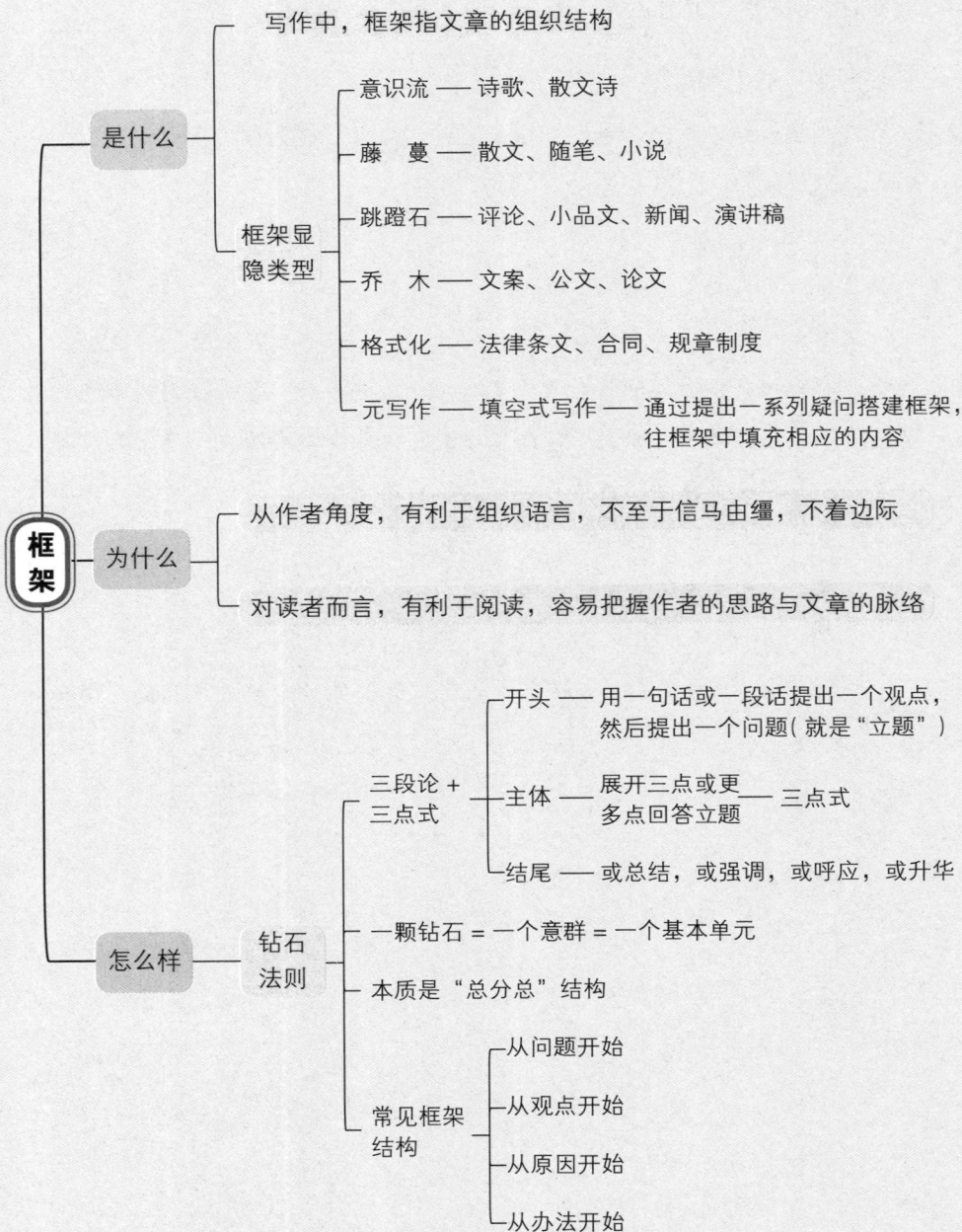

本 章 重 点

框架

是什么
- 写作中，框架指文章的组织结构
- 框架显隐类型
  - 意识流 —— 诗歌、散文诗
  - 藤 蔓 —— 散文、随笔、小说
  - 跳蹬石 —— 评论、小品文、新闻、演讲稿
  - 乔 木 —— 文案、公文、论文
  - 格式化 —— 法律条文、合同、规章制度
  - 元写作 —— 填空式写作 —— 通过提出一系列疑问搭建框架，往框架中填充相应的内容

为什么
- 从作者角度，有利于组织语言，不至于信马由缰，不着边际
- 对读者而言，有利于阅读，容易把握作者的思路与文章的脉络

怎么样
- 钻石法则
  - 三段论 + 三点式
    - 开头 —— 用一句话或一段话提出一个观点，然后提出一个问题(就是"立题")
    - 主体 —— 展开三点或更多点回答立题 —— 三点式
    - 结尾 —— 或总结，或强调，或呼应，或升华
  - 一颗钻石 = 一个意群 = 一个基本单元
  - 本质是"总分总"结构
  - 常见框架结构
    - 从问题开始
    - 从观点开始
    - 从原因开始
    - 从办法开始

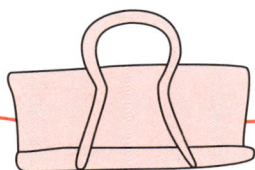

第七章

概括

提炼要点以及清晰表达

第一节　归纳、提炼、概括

我经常告诫跟我学习演讲、口才的学生：没有概括提炼，就不要开口讲话。这话也适用于写作：没有概括提炼，就不要写文章。

一、词义解析

有必要先解释一下归纳、提炼、概括这三个关键概念，因为平时的口语中经常将它们混用。

归纳，指把性质相同、相近、相关的事物或事物的多个要素分类合并在一起，也就是合并同类项。归纳和分析，是一个行为的两方面，归纳是合，分析是分。分的同时在合，比如，将1000册书摆放到书架上，会先把它们分成文学、哲学、经济、历史、科普、生活等类别，这是分；同时也要合，把文学类的合到一起，哲学类的合到一起，经济类的合到一起……

提炼，指对信息弃芜求精的过程，从芜杂的事物中找出关键和精华的东西。

概括，指把一个事物、一类事物、一组信息的共同特点用简明的语言加以描述，可以是关键字，可以是关键词，也可以是概括句。

归纳、提炼、概括这三个关键词，可以说是形成答案的三个重要环节。先将具体、分散的信息进行归纳，接着将归纳起来的各个部分或各个类别进行提炼，最后用简洁的语言进行概括。我们最终需要的，就是概括。

一个优秀的作者，一定意义上也是一个善于概括的高手。面对纷繁复杂的知识与信息，我们不可能不做任何的概括就存入大脑，因为人的记忆能力是有限的，而且不经概括的信息是非常难记忆的，也难以传播。写作者思路混乱的主要原因，与缺乏提炼概括有很大关系，也就是说大脑中的信息与表达出来的话语，都是具体的、零散的、无序的、未经整理的。

二、三点式概括

概括分为单点式概括与多点式概括。单点式概括也叫高度概括，即把事物的性质特点概括为一个要点；而多点式概括就是把事物的性质与特点概括为多个要点。

单点式概括有可能直达本质，但多点式概括才能使分析问题更全面，表达更有条理。尤其要习惯概括为至少三点——这也是钻石法则的基本要求。关于"三点式"概括，英国历史作家彼得·沃森在《人类思想史》一书的绪论中指出：

出于某种原因，过去很多人都认为思想史是一个由三部分组成的体系——三大理念、三个时代或是三个原则。

也就是说，许多思想家、哲学家、理论家，都喜欢将自己的思想和理论，用三分的方法进行表述或建立模型，如三大理念、三个时代、三个原则、三个阶段、三个部分、三个层次等。

我曾经出版过一本书《三的智慧：思考与演讲的75个经典分析框架》，其实就是古今中外的名人、伟人、哲人们的思想中，那些遵循三分原则的成果汇编。

《老子》第四十二章中说："道生一，一生二，二生三，三生万物。"一指元气，元就是一；二指阴阳，由元气分化而成；阴阳演化而生出三，三指天、地、人。为什么老子说"三生万物"，而不继续说"三生四""四生五"呢？因为，有了"天、地、人"，就可以让万物生成、生长。古人说"天时、地利、人和"，有了这三个条件，事情很大概率就会很顺利，这就是"三生万物"。而"钻石法则"的定义为"三段论+三点式"，其中也蕴含着"三生万物"的智慧。

三、建立标准

信息经过大脑的加工处理，形成所需要的答案，离不开"标准"。

标准，是衡量、评价事物的依据和准则。标准从何而来呢？从教育而来。这个教育是广义上的教育，不局限于学校教育，还包含阅读书籍、生活实践、人际交往，以及自己的反思等活动。广义来说，标准包括世界观、价值观和人生观，具体而言，标准包括对人、对事、对物的一套或明确或完整或稳定的认知。比如：

关于人的标准：好市民、好领导、好员工、好父亲、好儿子、好男人、好演员、好老师、好学生、好专家、好医生、好律师……

关于事的标准：好思路、好方案、好现象、好习惯、好行为、好风气、好政策、好计划、好设计、好部署、好管理……

关于物的标准：好房子、好车子、好公司、好小区、好电脑、好手机、好天气、好风景、好图书、好衣服、好电影、好作品……

人们对事物发表的意见、观点等，都是基于所掌握的标准，将相关事物与标准进行对照，就会产生属于自己的意见、观点等。如果一个人心里没有标准，却要对一个事物发表意见，简直是不可想象的，就像医生在治疗时，不知道治愈的标准一样。要对某一事物发表意见，大脑就会用标准衡量相关事物是否达标。如果大脑中的标准不清晰、不完整、不稳定，就会出现无法评价的现象，比如，"你认为某某人作为一个父亲，算得上一个称职的父亲吗？"如果没有一个关于好父亲的明确标准，就只能说："真不知道该如何评价。"

可以这样说，思想、观点、意见的底层，都有一套标准在支撑。

四、学会下定义

要写出好文章，词汇量是一个关键因素，就像学习英语，单词量是第一位的，没有足够的单词量，根本没法听、说、读、写。在写作过程中，总是需要对某个重要的概念、术语做出解释，也就是下定义。

大部分人都有一种体会，有许多词汇很常见，可是如果深究起来，就不知如何使用了。这里有三种情况，第一种是只知其一，不知其二；第二种是只知其然，不知其所以然；第三种是只可意会，不可言传。总之，就是对词汇的内涵和外延知道得太少、太浅。

因此，必须积累素材、内容，也就是知识和词汇。积累词汇量的一个简单的方法，就是自己写一部词典。这部词典不是为了出版，而是为了通过下定义，把自己经常而且必须使用的词汇理解得更清楚。

如果打算写一部自己的词典，首先有两个事情要做：一是挑选概念，也就是词汇；二是掌握下定义的方法。

关于挑选概念，建议挑选三类词汇，每一类平均300个左右，总计1000个左右，每个词汇写100字左右就足够。

第一类是专业词汇，也就是各门学科相关的专业术语。第二类是大词，就是含义深广、内涵抽象、意蕴超然的词汇，比如崇高、英雄、伟大、民族、国家、奉献、理想之类。第三类与爱好相关。术业有专攻，喜好各不相同，每个人都有自己的爱好，那么与爱好相关的概念也得包括。

从"立题"的角度来讲，下定义就是回答"是什么"的立题。可以适当带一点"为什么"，但是基本上不用涉及"怎么办"。重点要讲清楚概念的内涵，也就是它究竟是什么意思，所指为何。

就操作方法来讲，解释一个概念最常见的方法是"属加种差定义法"。这种方法是教科书为概念下定义的基本方法，因为它揭示的是概念所反映对象的本质的定义，所以又称为"实质定义"。公式如下：

被定义的概念=种差+属概念

用"属加种差定义法"下定义时，首先应找出被定义项邻近的"属概念"，即确定它属于哪一个类；然后，把被定义项所反映的对象同该属概念下的其他种概念进行比较，找出被定义项所反映的对象不同于其他种概念所反映的对象的特有属性，即"种差"；最后把确定的属和种差结合，用简洁明晰的话描述出来。

例如，给"人"下定义，先找出"人"的"属概念"，如"动物"，然后确定"人"与属概念"动物"之下的其他并列的种概念所反映的对象的差别，即"种差"：能够制造和使用生产工具，这样，人的定义就可表述为：人是能够制造和使用生产工具的动物。

有些人可能会问："我的词典中对某个概念的定义与别人不一样，有问题吗？"美国社会学家丹尼尔·F.钱布利斯在《理解社会：社会研究方法导论》一书中说："没关系，关键问题不是一个概念只有一个定义，而是，我们必须清楚地说明我们使用这一概念时的意思，而且我们也期待别人这样做。"当然，希望你的定义可以博采众长，而不是凭空捏造，胡说八道。

第二节　概括的方法

一、关键词概括

在演讲培训中，我发现有些学员虽然知道要在回答立题的时候分成三点，但是，往往还是会把要点说成未经概括的话。因此，我总结了一套概括的方法，就是把每一个要点浓缩成一个关键词，三个要点浓缩成三个关键词。

比如，胡适先生在其《中国哲学史大纲》的导言中说，哲学史研究有三个目的：明变、求因和评判。这就是一个非常经典的关键词概括。哲学史研究的目的，可以说出来成百上千字，但是可能会让人不知所云，而"明变、求因、评判"这三个关键词却能够让人一目了然，铭记于心。

在一些场合，一些人发表讲话的时候会说："这个问题我讲三个关键词。"这样的人非常善于提炼关键词，切中要点，又让人记得住。归纳关键词，可以迅速将散乱的思绪聚焦，不至于思路混乱，同时也有助于提升表达的逻辑性与条理性，因为有了关键词就可以围绕关键词展开，不至于不着边际地发散。

关键词从何而来？许多人讲关键词，信手拈来，可是有的人，却很难列出恰当、精准的关键词。原因在于两点：一是没有养成习惯；二是不知道关键词从何而来。

写文章都是在回答"是什么""为什么""怎么办"这三个"立题"，也就是说，关键词是作为回答"立题"的答案而存在的。稍加分析就会发现，三个关键词，可能是在回答"是什么"，可能是在回答"为什么"，也可能是在回答"怎么办"，还有可能是分别回答"是什么""为什么""怎么办"。

我曾经写过一篇文章，题目叫《顺德人的十个关键词》。这篇文章用十个关键词概括顺德的历史、风物、成就、地域文化、经济发展等方面的特色。

怎么运用关键词来概括呢？比如以《如何提升演讲水平》为题目，可以这样写：

关于如何提升演讲水平这个话题，我有三个关键词：认识、方法和练习。

也可以这样写：

说到演讲，很多人可能觉得自己的演讲水平不行。为什么大多数人的演讲水平都不行呢？我分析原因后，归纳了三个关键词：认识、方法和练习。

也可以这样写：

我相信很多人都觉得自己的演讲水平有限，如何提升演讲水平呢？我有三个关键词：认识、方法和练习。

还可以这样写：

大家认为自己的演讲水平怎么样？为什么很多人都认为自己的演讲水平不行？如何提升自己的演讲水平？我想讲三个关键词：认识——这是讲现状，认识不足；方法——这是讲原因，以及方法；练习——这是讲对策，强化练习。

在上述这些例子中，都是三个关键词各回答了一个立题。

下面是网上的一篇短文的片段。它既展示了一种自我介绍的好方法，同时也是一个很不错的关键词概括的案例：

大家好，我是瑜伽教练卢纳西，我通过三个关键词来介绍自己，分别是，爱研究，爱分享，还有爱瑜伽。大家可以叫我三爱老师。

首先，是爱研究……

其次，是爱分享……

最后，是爱瑜伽……

这就是我，爱研究、爱分享、爱瑜伽的三爱老师卢纳西。

二、数字串连概括

也可以称之为关键词概括的升级，也就是把关键词用数字串连起来，比起简单的关键词，更具有冲击力，有利于传播和记忆。

中西方历史及传统文化中的许多内容能够得以传播，并且被世人深深铭记，数字串连概括的功劳很大。比如：

三皇：燧人氏、伏羲氏、神农氏（关于三皇的说法很多，这里采取的是《尚书大传》中的说法）

五帝：黄帝、颛顼、帝喾、唐尧、虞舜（关于五帝的说法很多，这里采取的是《大戴礼记》中的说法）

汉初三杰：韩信、萧何、张良

三教：儒教、佛教、道教

九流：儒家、阴阳家、道家、法家、农家、名家、墨家、纵横家、杂家

张载四为句：为天地立心，为生民立命，为往圣继绝学，为万世开太平

四书：《大学》《中庸》《论语》《孟子》

五经：《诗》《书》《礼》《易》《春秋》

四大名著：《三国演义》《水浒传》《西游记》《红楼梦》

唐宋八大家：韩愈、柳宗元、苏洵、苏轼、苏辙、王安石、曾巩、欧阳修

八卦：乾、坤、震、巽、坎、离、艮、兑

八仙：汉钟离、张果老、吕洞宾、铁拐李、韩湘子、曹国舅、蓝采和、何仙姑

在写作中回答立题时，如果用好数字串连概括，会让人眼前一亮。

三、同构法概括

指用结构相同的多个句子来概括意义不同的要点。传统的律诗、门联、对子就是典型的同构法。这种概括方法，可以说是数字串连概括法的升级。比如：

居处恭，执事敬，与人忠。（《论语》）

知者不惑，仁者不忧，勇者不惧。（《论语》）

上士闻道，勤而行之；中士闻道，若存若亡；下士闻道，大笑之。（《道德经》）

同构法概括，有一种韵律感和均衡美，这是对思想的包装。如果概括很巧妙，将有利于传播。在写作文时用这种方法来概括要点，通常会让老师眼前一亮，为作文加分。

第三节 打造金句

金句，也可以称为格言、警句，它们是人对自然、社会、人生经验与规律等的概括与总结。在形式上，金句是用判断的方法来表述的，在本质上，则还是在回答"是什么""为什么""怎么办"这三个"元问题"。

如果从句型来看，金句有的是单句，有的是复句。如果从内容的性质来看，金句往往揭示一般性规律，而不是描述事实。比如"书籍是人类进步的阶梯"，是一般性判断句；"读了《高效演讲》这本书，我懂得了演讲十种开头的好方法"就不能称为金句，因为它仅仅是在陈述一个事实。

当然，打造金句，不仅需要模式或套路，而且需要对生活的观察与领悟，也需要灵感。金句的基本构成模式有以下几种形式。

1.绝对判断

绝对判断通常也是简单判断，一般采用"A是B"这样的单句结构。注意，"A是B"这种结构是人类认识事物最基本的判断形式，虽然这种形式构成了人类知识与思想的主体，但是，不是每一个"A是B"的句子都等同于金句。属于金句的，必须具有颠覆性，往往用比喻之类的修辞手法，加上绝对的、笃定的语气。比如：

生命，那是自然付给人类去雕琢的宝石。（诺贝尔）

世上没有免费的午餐。（西方谚语）

命运就是对一个人的才能考验的偶然。（蓬皮杜）

礼貌经常可以代替最高贵的感情。（梅里美）

聪明的人造就机会多于碰到机会。（培根）

任何可以讲出来的道理都是一个偏见。（李安）

可以用这种结构打造如下这样的金句：

所有真理都是赤裸裸的。

所有的诺言都穿着美丽的外衣。

任何方法论都是靠不住的。

了解竞争对手，其实是非常好的了解用户的途径。

没有输出的输入，就是无效的输入。

每个人注定要去找到自己的方法论，走上自己的路，人和人注定不同。

2.转折判断

转折判断也叫选择判断，是一种复杂判断，不是一个单句，而是采用两个或两个以上的单句构成的复句。要表达的意思，是在两种或三种可能之中做出一个选择，往往是逆向选择或向上选择，所以把它称为转折判断。常用的连接词是：与其……不如……，不是……而是……，不在于……而在于……，宁可……也不……，等等。如：

生命不等于是呼吸，生命是活动。（卢梭）

生命如同寓言，其价值不在于长短，而在于内容。（塞涅卡）

友谊永远是一个甜蜜的责任，从来不是一种机会。（纪伯伦）

生命中从不缺少美，而是缺少发现美的眼睛。（罗丹）

这写都是典型的转折结构，可以用这种结构打造如下这样的金句：

这个世界人们说话行事的底层逻辑从来都不是理性，而是感性，是汹涌的情绪。

我不是不帅，而是帅得不够明显。

我不是没有任何追求，而是没有任何东西值得我追求。

我终于明白，不是我要改变世界，而是我要为世界而改变。

"不是……而是……"这种结构也可以变成了"是因为不……，而不是因为不……"。比如：

我们落后的原因可能是因为不了解用户，而不是因为我们不了解竞争对手。

我们失败是因为不坚守目标，而不是因为没做好计划。

逃避是因为不相信自己，而不是因为不能把事情做好。

还可以变成"没有……只是……"，先否定A，再肯定B。在很多时候，为了避免误会，一定要把自己的态度和观点限定在一定的范围之内。比如：

我没说这样骂人是合理的，我只是说这是事实。

我没有说我不爱钱，我只是说挣钱必须用正当的手段，正所谓"君子爱财，取之有道"。

我没有要批评你的意思，我只是忍不住把自己的感受说出来。

我没有强求世界对我公平，我只是表明我受到的不公平对待。

3.因果判断

因果判断是在回答"为什么"。在形式上，有些时候会直接采用"因为……所以……"这种句型，也可以是"因为……所以……"的颠倒句型，把重要的结论，也就是行动指南放在前面，后面补充说明原因。这样的结构，关键要把补充的理由说得意外而又在情理之中。比如：

不要关注你的竞争对手，因为他们又不给你钱。（贝索斯）

不要指望别人会可怜你，因为他们可能比你更可怜。

不要把钱交给骗子，因为骗子的口袋巨大无比。

不要把钱借给没有能力的人，因为你将成为他们一辈子的债主。

4.并列判断

并列判断由两个以上并列的句子构成，对某一事物的不同方面进行陈述和对比，阐发其中深刻的道理。比如：

不愿说理是固执，不会说理是傻瓜，不敢说理是奴隶。（德拉蒙德）

为天地立心，为生民立命，为往圣继绝学，为万世开太平。（张载）

知者不惑，仁者不忧，勇者不惧。（孔子）

先天下之忧而忧，后天下之乐而乐。（范仲淹）

这个世界最缺的是独立思考，最怕的是轻易的判断、轻浮的评价。

最可怕的人是小人，最可亲的人是家人，最可怜的人是病人，最不靠谱的人是借钱不还的人。

5. 递进判断

递进判断也包括两个或两个以上的判断。它和并列判断的区别在于，后一个判断是在前一个判断的基础上进行纵深挖掘。比如：

最大的挑战和突破在于用人，而用人最大的突破在于信任人。（马云）

人的一生可能燃烧也可能腐朽，我不能腐朽，我愿意燃烧起来！（奥斯特洛夫斯基）

学习是劳动，是充满思想的劳动。（乌申斯基）

生容易，活也容易，生活却真的不易。

6. 条件判断

条件判断是在回答"怎么办"。人们常常期盼美好的结果，但是却不知道如何得到。条件判断式的格言，就是告诉人们该从何做起。它也是在说明某种面向未来的因果关系，即"现在的因导致将来的果"。它的连接词包括：如果……就……，只有……才……，一旦……就……，等等。比如：

只有永远躺在泥坑里的人，才不会再掉进坑里。（黑格尔）

希望的灯一旦熄灭，生活刹那间变成了一片黑暗。（普列姆昌德）

谁和我一样用功，谁就会和我一样成功。（莫扎特）

唯有具备强烈合作精神的人，才能生存，并创造文明。（泰戈尔）

只有尊敬他人，自己才能够受到尊敬。（爱默生）

人的一生是短的，但如果卑劣地过这一生，就太长了。（莎士比亚）

7.若非判断

若非判断其实是一种假设性的因果判断或条件判断，假设没有什么或不是什么的情况下，可能出现什么结果。人工智能专家朱迪亚·珀尔在《为什么》一书中说，人与动物的根本区别在于人能够进行若非判断——通过假设与想象来做决策。

若不是生活所迫，谁愿意一身才华。

如果不是天生丽质，就要做到天生励志。

如果不是攒够失望，谁喜欢孤单？

如果不曾被你伤害，就不会活得如此明白。

假如不是天才，就不活了吗？

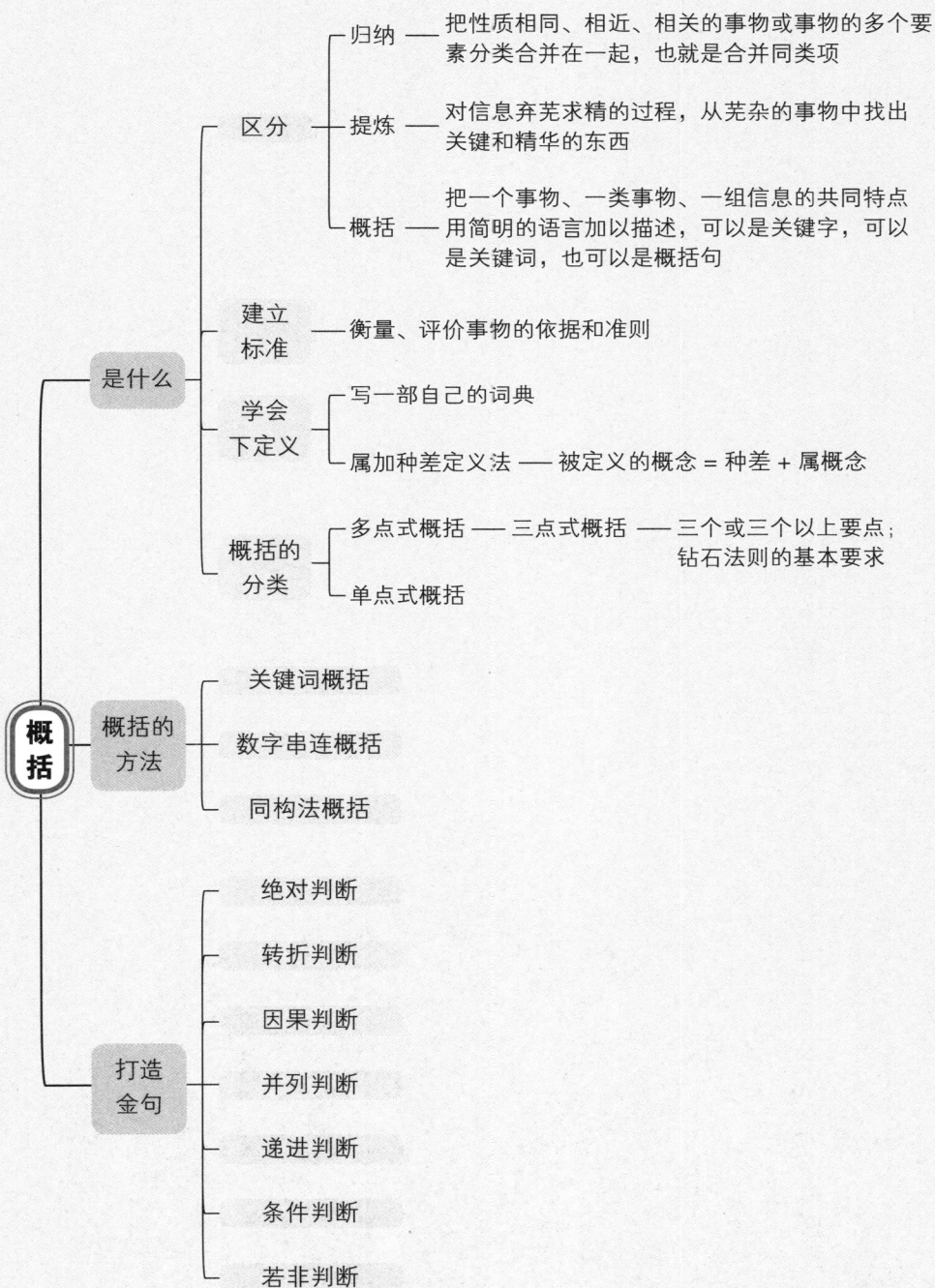

本 章 重 点

- **概括**
  - **是什么**
    - 区分
      - 归纳 —— 把性质相同、相近、相关的事物或事物的多个要素分类合并在一起，也就是合并同类项
      - 提炼 —— 对信息弃芜求精的过程，从芜杂的事物中找出关键和精华的东西
      - 概括 —— 把一个事物、一类事物、一组信息的共同特点用简明的语言加以描述，可以是关键字，可以是关键词，也可以是概括句
    - 建立标准 —— 衡量、评价事物的依据和准则
    - 学会下定义
      - 写一部自己的词典
      - 属加种差定义法 —— 被定义的概念 = 种差 + 属概念
    - 概括的分类
      - 多点式概括 —— 三点式概括 —— 三个或三个以上要点；钻石法则的基本要求
      - 单点式概括
  - **概括的方法**
    - 关键词概括
    - 数字串连概括
    - 同构法概括
  - **打造金句**
    - 绝对判断
    - 转折判断
    - 因果判断
    - 并列判断
    - 递进判断
    - 条件判断
    - 若非判断

第八章

分析

非常实用的分解分类法

第一节 分析究竟是什么

生活中，有人经常将"分析"挂在嘴边，比如："我们来分析一下这件事情。""来，你帮我分析分析。"这种时候，"分析"通常指研究，是一种口语化表达，用部分指称总体，因为分析原本属于研究。

很多人并不十分清楚"分析"的含义。如果想从事写作并且写好文章，那必须得把"分析"的含义搞清楚，而且必须学会分析，成为分析的高手。

分析包含两种重要的含义，一是分解，一是分类。

分解，指把事物、现象、概念分成部分，找出部分的本质属性和彼此之间的关系。简单来讲，就是把一个整体的事物，分解成多个部分，跟"综合"相对。综合是从整体上认识一个事物，而分解则是从局部深入认识事物。

分类，指把多个事物、现象、概念分门别类，通过发现事物之间的差别而加深对各个事物的认识。如果懂得分类，那么证明你懂得事物之间的差别，懂得差别就能够做出正确的选择和行动。分类能力一定程度上跟人的阅历有关。举例来讲，一个3岁小孩去超市，他很可能会伸手拿任何东西，认为可以直接拿回家，因为他分不清自己的东西与别人的东西，不知道超市的东西要用钱买。如果一个18岁的人去超市，就不会。

分解是把事物向"内"分，比如，把一篇文章分成标题、开头、主体、结尾几个部分；或者把一篇评论文章分成论点、论据、论证三个要素。

分类则是把事物向"外"分，比如，把水杯、纸巾、牛奶、手机、签字笔、橘子、电视机、空调等分为日用品、电器、食品三类。

为什么一定要学会分析？因为不会分析就写不出好文章。为什么这样说呢？比如，要以《欺骗》为题写一篇文章，该如何分析呢？

首先，从欺骗的含义或定义开始分析。一般来说，欺骗是用虚伪的言行隐瞒真相，使人上当。这个定义包括三个部分：虚伪的言行、隐瞒真相、使人上当。把关于欺骗的定义的一句话，分解为三个部分，是让写作者和读者可以对欺骗有更清晰、更深刻的认识。

接下来，分析欺骗的对象有哪些？按照二分法，包括自己与他人、有钱的与没钱的、熟悉的与不熟悉的、身边的与网络上的。

还可以分析通过欺骗想获得的好处是什么？包括美色、金钱、机会、荣誉、地位、捉弄人、报复、伤害，以及纯粹的心理满足等。

还可以分析有哪些因素会导致、引发欺骗行为？包括人格教养、收入水平、目前处境、欲望程度等。

还可以分析欺骗所带来的后果有哪些？这里也要先分析欺骗者与被欺骗者。给欺骗者带来的后果可能是牢狱之灾、心灵不安、失去朋友、遭遇报复等；而给被欺骗者带来的后果可能是金钱的损失、自尊心的伤害、行为方式的扭曲、认知的改变、公众形象的损毁等。

通过以上分析举例，想要写好《欺骗》，如果不展开分析，怎么能写得出来呢？同时，从欺骗的对象、引发因素、好处、后果等多个角度来进行分析，这本身就是一种分析。

总结一下，学会分析对于写作的好处在于：第一，对问题的讨论更全面；第二，对问题的探讨更深入；第三，可以有更多的内容可写，不再为字数发愁。

第二节 分析的主要方法

关于分析的方法，前面讲过"分解"与"分类"，就属于分析的方法。而下面要讲的分析方法，是从表达的角度提出的。

一、两分法

首先要特别介绍"两分法"。"两分法"在哲学上又称为"一分为二"的方法，或"二分法""两点论"，即一切客观事物和主观思维都可以分为既对立又统一的两部分或两方面，这两部分或两方面既统一又斗争，由此推动事物的运动和变化。

在中国哲学史上，两分法是一种典型的思维模式。《易经·系辞上》："一阴一阳之谓道，继之者善也，成之者性也。"阴阳观念就是最为典型的两分法。中国古代哲学中的两分法议题非常多，张岱年先生的《中国哲学大纲》一书中的论述基本上是基于"两分法"展开的。比如天人关系论，把宇宙分为天与人；人性论，分为性善与性恶、性无善恶与性超善恶；人生理想论，分有为与无为、与天为一与与理为一、明心与践行；人生问题论，则有更多的"两分法"，包括义与利、命与非命、兼与独、自然与人为、损与益、动与静、欲与理、情与无情、人死与不朽等。

"两分法"不仅是一个哲学方法论，更是日常生活中的基本认知模式。虽然它有些简单粗暴，可能会让人陷入非白即黑、非对即错、非好即坏的固定模式，但是，它也让人们看问题不至于太片面，至少要看到两面。

事实上，人们从生下来开始就不断地受到"两分法"的熏陶，比如小学语文课教的反义词。虽然"两分法"并不是完美的思维模式，但是，它是一种必须掌握的思维模式。

我发现许多人在写作的时候，因为缺乏分析的习惯，不要说"三分法""四分法""五分法"，甚至连基本的"两分法"也很少运用。因此，想要学会写文章，首先要学会把一个事物分成对立（不同）的两个方面，把多个事物分成对立（不同）的两个类别。

最常用的"两分法"包括：自己与别人、内部与外部、主观与客观、短期与长期、现在与将来、好处与坏处、优势与劣势、一般与个别、理论与实际、整体与局部、主要与次要等。

二、其他五种分析的方法

掌握"两分法"，但不能局限于"两分法"，还要掌握"三分法""四分法""五分法"以及"N分法"。接下来，再给大家介绍五种非常实用的分析方法。为了更容易理解和记忆，我借用比较形象的数学概念来描述它们。

1.点——要素法

要素，按《现代汉语词典》的解释，有两个意思。一是指构成事物必不可少的因素，比如：词汇是语言的基本要素；人物、环境、情节是写小说的三个要素。二是指组成系统的基本单元。我认为，应该把要素分为两种：一种叫构成要素，一种叫促成要素。

构成要素指构成一个事物的各个因素，可以指子系统、部分、方面。在讲"是什么"立题的时候，通常会采用构成要素法。比如，小说的三要素：人物、情节、环境；人的身体一般可以分为头、颈、躯干、四肢几部分；一个公司通常由生产部、研发部、人力资源部、市场部、法务部、财务部、后勤部、公关部等组成。

促成要素指促使一个事物形成的因素，也就是因果关系中的原因，条件关系中的条件。在讲"为什么"和"怎么办"的立题的时候，通常会采用促成要素法。比如，分析为什么我的写作水平低，列出几个导致写作水平低的原因：不重视、不喜欢、没练习、少积累；写怎么提升写作水平，列出几个可以促成写作水平提升的要素（也就是条件）：阅读、思考、拜师、练习。

2.线——时间法

时间是事物的本质规定性之一，没有事物能够逃脱时间，生命与物品都会经历"成、住、坏、空"的过程。时间像一条流动的河流，也像一条没有起点和终点的线条。当然，时间并不是混沌的，可以把它按秒、分、时、日、月、年等进行分解、表示。

既然所有事物都存在于时间的长河，在思考与写作的过程中，就可以把一个事物按照时间的过程进行分解、叙述。比如，求职简历中的"历"字就清楚地表明，是用按时间分段的方法，把过去的经历罗列出来。比如，介绍一个公司的发展历程，也分为初创期、成长期、发展期、成熟期。比如，介绍一种菜肴的烹饪方法，会分为第一步、第二步、第三步、第四步。比如，要讲自己如何实现创业梦，会分别说明是怎么开始的，中间经历了什么困难，现在达到了什么目标。

总之，在回答"是什么"和"怎么办"的立题时，通常会用时间分解法。只要写关于过程、阶段、步骤、经历之类的内容，都可以使用时间法。

3.面——空间法

面是一个二维空间，这里可以将面视为一个广义的空间。这种分解方法也可理解为按范围分解。大部分事物都有空间边界，事物与事物之间可以按空间分布来分解，事物内部也可以分解为若干个小的空间。就像一个住宅小区，里面坐落着若干栋独立的楼房；而每套房子里面，又分布着客厅、卧室、厨房和卫生间等。

空间分解可以分为两种，一种是直观的物理分解，一种是抽象的领域分解。

空间的物理分解比较好理解，比如，地球有五大洲四大洋、东半球和西半球、南半球和北半球、200多个国家等；中国有北方与南方、东部与西部、各个省市自治区等；城市有各个区县、市中心与郊区、工业区与商业区等。在讨论问题的时候，这些分解通常都会用到，否则就容易流于宽泛和表面。

空间上抽象领域的分解，指的是依据从事一种专门活动或事业的范围、部类或部门，比如政治领域、经济领域、社会领域、科技领域、文化领域等，就属于领域分解。比如农业、工业、公用事业、金融业、地产建筑业等行业类的划分，也属于领域分解；另外，工作上、生活上、学习上这一类的分解也可以视为领域分解。

4.层——层次法

时间、空间、质量、数量，都是事物的基本规定性。质量是对事物的程度评价，数量是对事物多少的表示。质量有高低，数量有多少，因此，可以把一个事物按照质量与数量分出若干层次，这种分析方法叫作层次法。

比如，按轿车的档次可以分为：豪华轿车、高级轿车、经济型轿车；按方案的好处可以分为：上策、中策、下策；按课程的等级与难易程度可以分为：初级课程、中级课程、高级课程；按企业经营水平的高低可以分为：卖产品、卖品牌、卖标准。

在探讨问题的时候，千万不能笼统含糊，需要把研究的对象分为不同的等级、层次，否则所表达的观点不仅没有针对性，甚至还会不着边际，不知所云。

我曾经看过一个辩论节目，讨论"中国人购买奢侈品是为了面子，还是为了享受更好的品质？"正反双方各执一词，正方说，80%是为了面子；反方说，不是的，是因为它的品质好才购买。其实，双方的观点都没有错，只不过是各自的立场不同。

5.角——角度法

"角"可以视为角度，也可以视为角色。角色不同，看问题的角度就会有所不同。因此，不论角色法，还是角度法，指的都是看问题要采取不同的角度。

在具体的运用中，角度分析大致可分为两类，一类是根据不同的角色、身份分析，一类是根据不同的学科、事理分析。

按不同人物角色、身份来分解。比如：对于这次事故，各方的意见有哪些？答：（1）直接当事人的意见；（2）相关部门负责人的意见；（3）政府管理部门的意见。高考改革引起了什么反响？答：（1）老师的观点；（2）家长的观点；（3）学生的观点；（4）学校的观点。

按不同学科、事理来分解。比如：这部电影票房第一，如何评价？答：（1）投资的角度；（2）艺术的角度；（3）营销的角度。中外合作的国家级高科技产业园的重大意义有哪些？答：（1）政治上的意义；（2）经济上的意义；（3）文化上的意义。新技术发明的运用所引起的变革有哪些？（1）经济学分析；（2）社会学分析；（3）法学分析；（4）管理学分析。

"角度决定视野""角度决定态度""角度决定高度"这些讲法都非常有意义。它告诫我们，分析问题写文章的时候，一定要寻找和发现多个不同的角度，才能达到比较好的效果。

6.类——类别法

类是具有相同属性的一组事物的集合。分类是一种向上分析，按照各个具体事物的性质、功能、用途、对象、价值、等级、特征等，向上一层级分别归入到某个类别之中。

分类是一件非常有趣的事情。美国作家苏珊·怀斯·鲍尔的《极简科学史》中曾讲到关于物种的分类，尤其是植物的分类的知识，我印象十分深刻。9世纪时，艾布·阿-迪奈瓦里在《植物学手册》一书中写道：

我将植物分成了三组：第一组中根和茎都熬过了冬天；第二组中茎在冬天死去，但根存活下来，于是植物重新开始从这存活下来的根开始生长；第三组中根和茎都在冬天冻死了，新的植物从分散在土壤中的种子里生长出来。植物也可以通过另外一种分类分为三种：一些植物向上生长，需要茎；一些植物向上生长的过程中，需要一些攀爬的物体；第三种植物则不会从土里向上生长，而是贴着地表蔓生，完全覆盖地表。

虽然现代植物学推翻了这种划分方法，但是，可以看到，人类一直都在努力地将各种各样的事物进行分类，只有通过分类，才能便于认识。

将类别法单独列出来，是为了强化大家对"分类"的重视，强化"分类"的意识。分类一定要基于某个依据和标准进行，前面所讲的五种分析方法都适用于分类法，即按照要素、时间、空间、层次、角度进行分类。除了这些最常用的、基本的分类依据和标准之外，还有10个重要的依据和标准：来源、归属、性质、用途、规模、功能、内容、形式、对象、状态。

介绍上面六种分析方法，是为了让大家对如何分析有基本的了解。可是在具体运用中还是会遇到一个问题，即"我究竟该采用哪一种分析方法呢？"比如有一篇文章，分别讲国际形势、国内形势、地方形势、单位现状，这究竟采用的是什么分析方法？似乎既是空间法，又是层次法。这里确实涉及两种分析方法，这是没有问题的，因为同样的问题可以从不同的角度来看它，就像一个25岁的未婚男性，从年龄来看他是青年，从性别来看他是男性，从职业来看他是一个公司职员，从婚姻状况来看他是未婚人士。

分析仅仅是一种工具，它只是用来帮助分析、分清事物的，不能教条主义。

第三节　分析的三种运用

前面讲解了分析的方法，下面讲一讲分析方法在写作中的运用。不论是分解还是分类，分析在写作中主要运用在三个方面：一是形式上的，一是结构上的，一是叙述中的。

一、形式上的分析

形式上的分析，一本书不可能一笔到底，不分任何的篇、章、节。绝大多数的书，都会按照篇、章、节做整体的布局，有的每节又分一、二、三这样的小点，每个小点大致可以视为一篇完整的文章。当然，每个小节下面还会分段，每一段也有一个重点。

"一段一个重点"是一种非常好的行文规范。但是，现在的网络文章分段越来越随意，越来越短，甚至有些人把文章拆成一行行的，像诗一般发表在网上，背离传统行文规范。以目前的阅读习惯看，分段较小确实会让读者的阅读体验更好，而把一些关键句独立成段更容易引起读者关注，这都值得肯定，但一篇文章，即使不能做到"一段一个重点"，也要用好提示词、连接词，使文章的起承转合很自然，不至于让读者迷惑。

文章的每一节、每一段之后，仍然要注意形式上的分析，否则，要么会思维混乱，要么会表达混乱。为了让读者更容易分辨不同论点的条理，通常会采用"第一""第二""第三"这样的序数词加上小标题或者概括句放在段首。当然，有的人喜欢用"首先""其次""再次""最后"这样的副词，效果也是一样的。

形式上的分析，不只是一种表面功夫，它不仅有利于读者的阅读，而且是作者梳理思路的有效工具。

二、结构上的分析

与形式上的分析比较起来，结构上的分析具有一定的隐蔽性。如果不具备一定的逻辑辨识能力，是看不出、看不懂文章的逻辑结构的。如果读者看不出或看不懂一篇文章的逻辑结构，其实无伤大雅；如果写文章的作者不懂得文章的逻辑结构，就很难写好一篇文章。现在非常流行AI写作，虽然人工智能系统能在短时间内就生成一段文字，但是对于整篇文章的深层含义，或者说对于整篇文章结构上的布局，人工智能系统是很难有创新的。

所谓文章结构上的分析，其实就是文章在内容上的起承转合，或者说内容的排列顺序。分析之后列出要点、步骤、方面、层次、角度、类别等。

关于内容的排列顺序，一般来讲有三种方法：

第一种是逻辑递进。按照事物或事理的发展规律以及逻辑关系，循序渐进地安排组织材料，以适应读者的阅读习惯。

结合"立题"，一篇文章先写"是什么"，摆出事实，接着写"为什么"，分析原因，最后写"怎么办"，提出对策，这就是符合大多数人认知的、经典的逻辑分析结构。如果一篇文章不采用这种逻辑分析框架与顺序，而是把"是什么""为什么""怎么办"混在一起，颠来倒去，很容易使读者不知所云。

第二种是时间推进。按照事物发生、发展的时间顺序来组织语言，其特点是自然衔接，层次清晰。比如下面这段文字，表面上看它分为四个方面，其实是按时间顺序分为四个步骤，而且后一个步骤都是基于前一个步骤完成的：

"君子不立危墙之下"这句话对今天的我们来说，值得认真思考。一是认清危墙，洞悉事件。要对"墙"未来的走向有判断，辨识"危墙""危"在何处，觉察潜在的风险。二是分析判断，预测危害。分析"危墙"倒塌会带来哪些伤害，防患于未然。三是科学决断，明智选择。自身行为选择"立"（站立）还是"离"（离开）。四是主动作为，积极应对。制定措施消除"危墙"的隐患，如果已经确认"危墙"，应该尽快推倒重建。

第三种是并列陈述。指在文章中，层次、段落、要点、语句、词组呈现为并列状态。但是，从操作上来讲，并列陈述并不存在，因为文章大体呈现为线性结构，字得一个一个地排列，句子得一句一句地排列，就像一群人通过独木桥，只能一个一个地通过，不会存在并列关系。因此，并列陈述实际上是指各个要点、段落等从其性质和地位上"排名不分先后"，从文字顺序看还是有先后顺序的。虽然并列关系有先后而无主次，但是从逻辑上说先后就意味着主次。

比如，"学生要做到德、智、体全面发展"，既然是"全面发展"，那么"德、智、体"就是并列关系，没有主次之分。但是真的没有主次之分吗？为什么不说"学生要做到智、体、德全面发展"呢？难道仅仅是一种约定俗成吗？当然不是，这是因为人们有一种潜意识甚至是显性意识，认为"德"是主要的，是重要的，所以应该放在首位。

并列陈述要遵循以下几个基本规则进行排列：由主到次，由大到小，由内到外，由上到下，由表到里，由高到低，由前到后，由过去到现在，由现在到将来，由重要到次要，由中心到边缘，由主体到附属，等等。当然也有例外的情况，比如，奥运会颁奖是先发铜牌，再发银牌，最后发金牌。

三、叙述中的分析

前面两个分析的运用，是基于一本书、一篇文章的整体而言，而叙述中的分析，则着眼于一个段落甚至是一个句子之中的分析。

这里重点讲述"总分总"这个分析工具与写作方法。"总分总"结构，开头提出论点（开门见山），中间分述若干分论点，结尾总括论点（或重申论点，或总结引申），几个分论点之间可以是并列关系、层递关系、对比关系等，但不能是包含关系或交叉关系。

大部分人将"总分总"视为写一篇文章的结构化工具。其实，在行文过程中，仍然可以运用"总分总"或"总分"这一模式。理解这一点，对于写作思路的拓展、内容的丰富非常有帮助。看下面这段文字：

他的书架上摆满了书，主要包含哲学、文学、经济学、社会学、历史学、心理学、法学等方面，都是名家经典。

这句话虽然很短，但是是一个非常典型的"总分总"叙述模式。开头"他的书架上摆满了书"是"总"，接着罗列各类书籍就是"分"，最后一句话"都是名家经典"，是总结，也是"总"。

再看一个例子：

最近几年中国各大城市开始推行垃圾分类，基本按垃圾的性质分为四类：可回收垃圾、厨余垃圾、有毒有害垃圾和不可回收垃圾。分类的目的是提高垃圾的资源价值和经济价值，力争物尽其用，减少垃圾处理量和处理设备，降低处理成本，减少土地资源的消耗，具有社会、经济、生态等几方面的效益。

这段文字包含了三个方面的内容。第一个方面："最近几年城市开始推行垃圾分类"，这句话是"总"，但是后面没有"分"，如果"分"的话，应该写"哪些城市已经开始推行垃圾分类"（可以利用"问答思维"，通过提问延续思路），接着把主要的城市罗列出来。之后的"总"，可以写"目前全国开始推行垃圾分类的城市地级以上的比例达到了百分之××"。

第二个方面：垃圾是怎么分类的。"按垃圾的性质分为四类"是"总"，"可回收垃圾、厨余垃圾、有毒有害垃圾和不可回收垃圾"是"分"。运用的是"总分"法。

第三个方面：分类的目的是什么。"提高垃圾的资源价值和经济价值，力争物尽其用，减少垃圾处理量和处理设备，降低处理成本，减少土地资源的消耗"是"分"，后面的"具有社会、经济、生态等几方面的效益"是"总"（这个"总"也包含了社会、经济、生态的"分"）。运用的是"分总"法。

从上述例子可以看出叙述中的分析的具体运用。在具体的文字叙述中，要学会"剥笋子"，即找到一个笋子（总），并剥开（分）。写文章就是在不断地"剥笋子"，不断地运用"总分总""总分""分总"等结构，而且这些"总"与"分"之中可能还会蕴含着"总"和"分"。

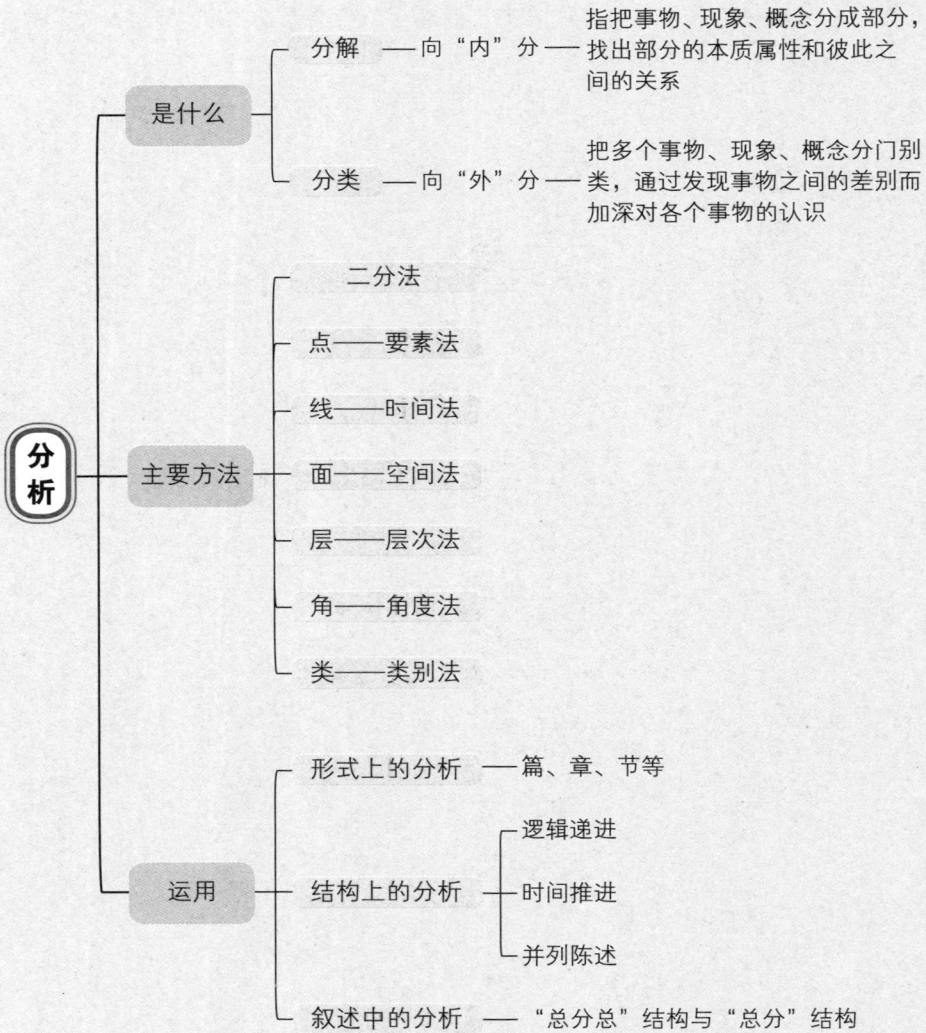

分析

是什么
- 分解 ——向"内"分—— 指把事物、现象、概念分成部分，找出部分的本质属性和彼此之间的关系
- 分类 ——向"外"分—— 把多个事物、现象、概念分门别类，通过发现事物之间的差别而加深对各个事物的认识

主要方法
- 二分法
- 点——要素法
- 线——时间法
- 面——空间法
- 层——层次法
- 角——角度法
- 类——类别法

运用
- 形式上的分析 ——篇、章、节等
- 结构上的分析
  - 逻辑递进
  - 时间推进
  - 并列陈述
- 叙述中的分析 ——"总分总"结构与"总分"结构

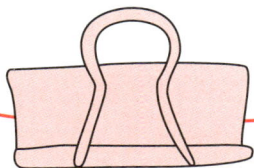

第九章

事实

要从事实陈述开始写作

第一节 什么是"是什么"

在进行思考、研究、讲话与写作时，一定要学会陈述事实。因为这些活动的目的就是"摆事实、讲道理、提要求"。"是什么"，就是"摆事实"，就是陈述事实。

一、事实

1. 客观事实与主观事实

人的认知与思考对象，大体上分为外部事物与内心想法。我们可以把它们统称为事实。

事实，并不一定是物质层面上的，并非只有看得见、摸得着的才是事实，只要存在过、存在着的，都可以称为事实，即使它只是心里的想法，甚至只是感觉或想象。比如，肚子很饿，这是一个事实。特别想找点东西来充饥，这也是一个事实。因此，可以把外部事物称为客观事实，内心想法称为主观事实，包括观点、想法、想象、动机、体验、感受、希望、欲望、主张、要求、期待、目标、观念、标准、评价、态度、信念等。

事实一定意义上等同于信息、知识，因为人类的思考是基于信息、知识展开的。

2. 描述性事实与评价性事实

事实还分为描述性事实与评价性事实。对不加主观判断的事实，类似于绘画中的白描，叫描述性事实，包括来源、性质、构成、关系、区别、分类、功能、特点、表现、过程、结果、状态、类型、形式、影响、历史、范围等。

如果以一个标准确认某一事物的得分、水平、层次、品质等，就叫评价性事实，包括正确性、科学性、逻辑性、合理性、重要性、经济性、可靠性、确定性、先进性、创造性、准确性、实用性、有效性等。

3. 实然与应然

实然与应然是两个在哲学与人文社会科学领域被广泛使用的概念。实然指实际是怎样的，应然指应该是怎样的。实然是现实存在的结果，应然是人们对某一事物的期望。实然与应然，大致可以认为是现实与理想的另一种表述。

实然与应然，都属于"是什么"的范畴，只不过实然是"客观是什么"，应然是"主观是什么"。现实中，人们常常在应然和实然之间纠结，会对实然有诸多不满意、不接受、不认同，觉得世界不在正常状态，而人们所谓的正常状态就是应然。

通常情况下，虽然对实然的认识与理解也会因人而异，但是人们对于实然的认识更容易达成一致，也就是说，事物只存在一个或少数实然，而存在着很多应然。人们通常希望将自己理解的应然转化为实然。这样一来，矛盾就产生了。

在语言表述时，往往会出现实然与应然难以区别的状况。尤其是中国古代的文言文，经常出现理解上的差别。比如："仓廪实而知礼节，衣食足而知荣辱。"这句话出自《管子·牧民》。如果按照实然翻译，应该理解为一种已经存在的事实：仓廪实而且知礼节，衣食足而且知荣辱。如果按照应然翻译，就应该理解为这是在表达一种期望：仓廪实应该知礼节，衣食足应该知荣辱。

白话文也容易出现实然与应然理解上的偏差，比如这句话："没有永远的朋友，只有永恒的利益。"是实然还是应然呢？

4. 事实与信念

在心理学上，有时候会将事实与信念对立。事实指向真实存在的事物，信念指向可能并不是真实存在的事物。比如"房子外边下雨了"，这是真实，可以称之为事实，或称之为认识。但是"爸爸说，房子外边没有下雨"，虽然是假话，但因为听的人相信了，所以也认为房子外边没有下雨，这就是信念。

事实本身并无真假，但是在人们记录和传播时，会产生变化，因此产生了真或者假。人的大脑中充满了各种事实与信念，并区分它们的真与假，以保持理性的思维。在文学作品中，经常看到有的人将某个信念坚守了一辈子，到了晚年却发现是错误的，从而心理崩溃。

本书中的事实，包含知识、信息、信念等概念，为了叙述的方便不另外做真假的区分与判断。

5. 结论与观点

结论有广义与狭义之分。广义的结论包含观点，也就是人们对事物的总结性判断。狭义的结论则与观点相对立，结论是对事实的描述性总结，具有客观性；而观点则具有强烈的主观倾向，可以说，观点是在结论基础上的评价、态度、解释与行为选择。结论与观点最大的区别是，结论着眼于客观事实本身的描述，把人的立场、利益、需求放到一边；观点往往与人的立场、利益、需求绑在一起。

举例来说，如果某人身体不舒服，到医院检查，报告单显示："结论：急性胰腺炎。"这就是结论。病人说："医生，请你想办法一定要帮我治好。"这是观点。当然，病人也可能有另外的观点。

观点属于"主观是什么"的范畴，在回答"是什么"的立题时，观点基本是使用得最多的，因为人与人的冲突通常表现为观点的冲突。人类社会的大部分冲突都表现为观点冲突，要么是在提出并证明自己的观点正确，要么是在指出并证明别人的观点错误。

观点可以分为三类，并且与立题的三种类型对应：

"是什么"的观点：表达对事物的评价与态度

"为什么"的观点：解释事物发生的原因

"怎么办"的观点：提出解决问题的建议和主张

用一个简单的例子来说明上述三种类型的区别：比如讨论社会上人与人之间不信任的问题，可以有下面三种观点：

我对不讲诚信的行为感到深恶痛绝。——"是什么"的观点

法制不完善导致了人与人之间不信任感加剧。——"为什么"的观点

必须严厉打击不诚信的行为。——"怎么办"的观点

二、句法形式

"是什么"疑问句的关键词最常用的是以下几种："是什么""有什么""存在什么""面临什么""遇到什么""出现什么""看重什么""关注什么""想到什么""发生什么""产生什么""得到什么""造成什么""导致什么""是怎么样""是如何""是怎么""什么样"等。"什么"一词也经常以"哪些"或"哪个"等词替代。比如：

经济学研究的主要问题是什么？

目前，公司在经营上存在的主要问题是什么？

空手套白狼是什么意思？

男人与女人在心理上有什么区别？

他们夫妻二人存在什么矛盾？

刚入职的销售员最容易遇到什么问题？

这两家公司在合作中出现了什么不愉快？

对于这件事情，我们究竟应该关注什么呢？

我半夜听到奇怪的声音，究竟发生了什么？

如果我们两人联手，可能会产生什么影响？

参加这次培训，我们将会得到什么？

如果对孩子过于严厉，会给孩子造成什么伤害？

这次事故公开的话，会导致什么负面影响？

一家优秀的公司究竟是怎么样的？

我是如何将他这个强大的对手打败的呢？

你们是怎么完成这项不可能的任务的呢？

什么叫作看问题有高度？

什么样的人才是真正的朋友？

哪些中文字体可免费用于商业用途？

哪些购物网站比较好？

三、时间特性

"是怎么""是怎么样""是怎么办"与"怎么办"有什么区别呢？

"怎么"常用来询问情状、性质、方式、原因、疑问、行动等，但并不是含有"怎么"的疑问句，就是在问"怎么办"。

比如：

创业的时候，你是怎么筹集到资金的呢？

十年前你参加高考的时候，面临的压力是怎么样的？

这件事这么困难，你却做到了，究竟是怎么办的呢？

例句中，在"怎么"之前有"是"字，因为"是"字，表面上属于"怎么办"的疑问句，变成了属于"是什么"的疑问句，它们的答案，是对已经存在或想象的事实的陈述。"怎么办"疑问句的答案，不是已经存在的事实，而是未开始、未完成的行动。

以时间性来看，"是什么"的疑问可以涉及所有时间，而"怎么办"的疑问只涉及将来时。可以借用英语的时态判断，比如：

当年你创业的时候面临着怎么样的挑战？（**一般过去时**）

去年一年你取得了怎么样的成绩？（**过去完成时**）

当年生活那么困难，你当时是怎么打算的呢？（**过去将来时**）

现在我的工作上存在哪些困难？（**一般现在时**）

你最近在忙些什么呢？（**现在进行时**）

我希望未来的生活是怎么样的？（**一般将来时**）

以上这些疑问句，无论是否包含"怎么"二字，都属于"是什么"的疑问。下边这两个问句，则属于"怎么办"的疑问：

你考试成绩不理想，下一步打算怎么办？

公司要实现扭亏为盈，究竟该怎么办呢？

从上面的例子可以看出，句子中包含将来的结果也属于"是什么"，只有询问将来的行动才属于"怎么办"。

第二节　怎么问"是什么"

一、"是什么"的形式

很多人觉得提出"是什么"的疑问比较难。有两个原因：

第一，"是什么"在形式上具有多样性。"是什么"的疑问，在句型上，关键词更多使用的是"是怎样"和"有什么"，而"有什么"还可以变成"具备什么、存在什么、包括什么、需要什么、看重什么、关注什么、取得什么、面临什么、产生什么"等形式。在还不熟悉"是什么"的疑问形式时，就没有办法提出好的"是什么"疑问。

第二，没有养成陈述事实的习惯。也就是说，没有掌握陈述事实的基本方法，也就是不能形成陈述事实的关键问句。

陈述事实包括三种形式：确认、描述、评价。也就是说，"是什么"的疑问，包括这三个基本方向。比如：

你读过张恨水的小说吗？（**确认**）

张恨水最著名的小说有哪些？（**描述**）

张恨水的小说写得怎么样？（**评价**）

1.确认

确认事实，是在思考开始的时候，首先对思考的事物进行确认。确认什么呢？事实为客观事实与主观事实，确认也包括这两个大的方面。

关于客观事实的确认，包括性质、多少、真假、状态、程度、位置、特征等。比如：

这是一本书吗？

你老家是哪里的？

他的这种行为犯了什么罪？

我们讨论的究竟是什么问题？

公司真的破产了吗？

关于主观事实的确认，包括态度、偏好、真假、选择、决定、愿望、需求等。比如：

你最喜欢的工作是什么？

这就是你最后的决定吗？

他是真的放弃了吗？

你的偶像是谁？

这个问题我们要不要重视？

我人生最大的理想是什么？

虽然上面的这些例句中有一些看不到"是什么"三个字，但它们都属于"是什么"的疑问，而且在行文中是非常重要的。如果没有确认思考的究竟"是什么"和"是怎样的"，后面的思考就可能失去方向与重点。

这里还需讨论一下"开放式疑问"和"封闭式疑问"。封闭式疑问，像考试试卷中的选择题、判断题，答案限定在一定的范围之内。开放式疑问，像考试试卷中的简答题、论述题，对答案没有特别的限定，甚至不能简单地判定它的对与错（所谓"标准答案"另当别论）。开放式疑问一般都是"是什么"，或"为什么"，或"怎么办"这三个"元疑问"。而封闭式疑问属于"是什么"，因为它是在确认事实，探讨"究竟是什么"。

2.描述

描述是在确认的基础上进行深入了解，是对具体、详细情况的挖掘和呈现。如果说，确认是针对某个点提出疑问，描述则是针对某个点发散出去的某个面提出疑问。比如：

这是一本什么内容的书？（**确认**）

这本书的主要内容包括什么？（**描述**）

你喜欢某个人吗？（**确认**）

你喜欢他什么呢？（**描述**）

公司目前面临最大的问题是什么？（**确认**）

公司目前面临的最大问题，有些什么表现呢？（**描述**）

关于确认的疑问，通常只需要简单的话语回答，如果是选择性问题，甚至只需要用"是或不是""行或不行""好或不好""可以或不可以""赞成或不赞成"来回答。而描述的疑问，通常应该展开较详细，甚至分为多个点来回答。

描述也分为客观事实的描述与主观事实的描述。如：

这一款手机的主要功能有哪些？（**客观事实**）

这一款手机消费者有些什么评价？（**主观事实**）

张恨水影响最大的小说有哪几部？（**客观事实**）

你最喜欢张恨水的哪几部小说？（**主观事实**）

3.评价

评价是对特定的人物、想法、理论、方法、工具、行为、决策、材料、物品、作品、事件、现象等做出的价值判断，最终形成某种主观性的结论。它是一个运用标准对事物的准确性、实用性、方便性、有效性、可能性、可靠性、先进性、创造性、经济性以及满意度等方面进行评估的过程。比如：

你对现在从事的工作感到满意吗？

这场演讲你的评价是怎样的呢？

公司开发的新产品，消费者的反响如何？

你的这个成绩在班上排名多少？

你们公司的产品在行业中的地位如何？

我们定下的这个目标可行吗？

他提出的这个建议有创新性吗？

你认为他的梦想可能实现吗？

确认与评价容易混淆。上述这些疑问，虽然它们寻求的答案是为了评价某一事物，但是看上去也很像是为了确认。虽然这些疑问中包含很突出的确认成分，但是确认偏重事实判断，评价偏重价值判断。比如：

你真的非常喜欢你的语文老师吗？（**确认**）

你的语文老师真的值得你喜欢吗？（**评价**）

描述与评价的区分也略为困难。夏丏尊、叶圣陶先生在《七十二堂写作课》一书中将文章分类为四种：

记叙文——记事物的形状、光景

叙述文——叙述事物的变化经过

说明文——说明事物和事理

议论文——评论事物，发表主张

这四种文章，前三种是关于描述的，后一种是关于评价的。

《七十二堂写作课》中还有一段关于记叙文和叙述文和议论文的描述，可以帮助大家区分：

我们听了演讲，提起笔来写道："演说台上摆着一张小桌子，桌子上摊着雪白的布，左边陈设个花瓶，插满着草花，右边是水壶和杯子。演讲者×××先生年纪大约五十左右，中等身材，眉毛浓浓的，看上去似乎是一个饱经世故的人。"这是写事物的形状和光景的，属于记叙文。接着说："他在黑板上写了'中国青年的责任'几个字，就开口演说，从世界大势讲到中国目前的危机，又讲到别国困难时的青年界以及中国青年界的现状，末了归结到青年与国家的关系。……"这是叙述事物的变动的，属于叙述文。再接下去，如果说"这场演说很警策，论到我国青年界的现状这一段尤其痛彻，我听了非常感动。……"这是议论文。

从这点文字可以看出，记叙文和叙述文，都是在回答描述的疑问，而议论文则是在回答评价的疑问。

评价的文字通常是简短的，往往紧随着论证，而论证其实是在回答"为什么"。

对某一事物进行评价，要从多个相关利益人的角度提出疑问，这样才能保证认识的全面性、客观性，比如：

对于《思考的技术》一书，出版者有什么评价？

对于《思考的技术》一书，业内专家有什么评价？

对于《思考的技术》一书，读者有什么评价？

对于《思考的技术》一书，作者自己如何评价？

二、"是什么"的主要句型

这里把"是什么"立题的主要句型进行大致的总结，将××替换为关键词，再结合相关话题，就可以造出很多"是什么"的立题。

1.×× 是什么

关键词：含义、性质、关键、目标、计划、任务、追求、动机、标准。

例如：

一致行动人的含义是什么？

这起事件的性质是什么？

完成这个任务的关键是什么？

这次任务的目标是什么？

你提出的创业计划是什么？

衡量一个成功的企业家的标准是什么？

2.×× 是怎样的

关键词：

客观的：情况、情形、状况、处境、环境、过程、结果、状态、构成、范围、规模、形象。

主观的：想法、想象、动机、体验、感受、希望、欲望、要求、期待、目标、观念、标准、评价、态度。

例如：

这家公司的基本情况是怎样的？

目前你的身体状况是怎样的？

这次突发事件的过程是怎样的？

你看到的那个人形象是怎样的？

你一个人迷失在森林里的时候体验是怎样的？

人们对这个明星的评价是怎样的？

3. 有哪些或有 ××

或者说：具备××、存在××、包括××、需要××、取得××、面临××、产生××。

关键词：

客观的：问题、不足、缺陷、差距、区别、表现、现象、症状、特点、特征、特色、方式、因素、方面、层次、条件、资源、关系、形式、内容、种类、安排、计划、支持、规则、选择、素质、功能、作用、力量、反应、反响、影响、结果、后果、风险、可能、机会、方向、趋势、优势、劣势、亮点、创新、改变、突破、成绩、荣誉、成果、物品、利益、破坏。

主观的：困难、挑战、压力、感觉、需求、要求、期望、理想、目标、打算、想法、意外、满足、不满、伤害、标准、误区、认识、评价、心情、心态、行为、习惯、素质。

例如：

这家公司目前究竟有哪些问题？

你在做这件事情的过程中有哪些创新？

你们的产品具有什么特色？

这些人的思想上存在什么问题？

这份报告包括哪些内容？

过去一年取得了什么成绩？

第三节　怎么回答"是什么"

对"是什么"的疑问怎么回答呢？用事实回答，无论它们是主观事实与客观事实、描述性事实与评价性事实、应然与实然、事实与信念、结论与观点，都可以用来作为"是什么"的答案。

作文中回答"是什么"疑问应当遵循以下三个原则。这三个原则在回答"为什么"和"怎么办"疑问时也基本运用。

一、概括性

写作文一定要坚持结论先行。结论，是基于一堆素材或杂乱的信息，用简略的语言进行的概括式的描述。

比如，教室来了15个学生，从年龄上看，第一位大约30岁，第二位大约25岁，第三位大约32岁，第三位大约20岁……只有个别人接近40岁。要下一个结论的话，就可以说：今天来的同学基本上是年轻人——这就是用归纳推理方法形成的一个结论。

美国作家、写作教练罗伊·彼德·克拉克说："对讲故事的记者来说，抽象阶梯是最好的工具之一，尽管它并不是最容易理解的。我花了大概15年才弄明白如何得心应手地运用它。"抽象阶梯这个概念是由美国语言学家S.I.早川在《行动的语言》一书中首次提出的。他认为，所有的语言都存在于阶梯之上。最概括或最抽象的语言和概念在阶梯的顶端，而最具体、最明确的话语则在阶梯的底部。罗伊·彼德·克拉克说：

在讲故事时，我们在阶梯的顶端创造意义，而在底部去做例证……阶梯顶端的写作是言说，它呈现概况；阶梯底部的写作是展示，它呈现细节；抽象阶梯可以帮助写作者弄明白如何在顶端表达意义，又如何在底部举出具体例子，并且避免中部的混浊状态。

抽象阶梯是一个非常不错的概念。它告诉我们，在叙述过程中不能只呈现细节，还要将细节进行概括、提炼、抽象，呈现它们背后的意义，或者形成一个定性的结论。

前面讲过归纳、提炼和概括，其实就是要通过归纳、提炼和概括，形成自己对事物的结论。这个结论可以是一句话，也可以是一段话，还可以是一篇文章甚至一本书。

这就要求，在生活中不论看见什么，听见什么，不能让它们只停留在印象层面，只记得大概，说起来只能用"好像""大概""可能""差不多""也许"这样的描述，一定要多问几个"是什么""为什么""怎么办"，并且得出属于自己的、有价值的、有创造性的结论（答案）。即便是别人的结论，也要自己认同。更重要的是，在脑海中保留、牢记这些结论（答案），在要写或要说的时候，就可以直接使用。在这个意义上，结论不仅适用于回答"是什么"，也适用于回答"为什么"和"怎么办"。

二、全面性

全面性指在陈述事实的时候不能狭隘和片面，除了概括性地回答"是什么"之外，还要从多个要点、多个方面、多个可能、多个表现、多个阶段、多个角度、多个层次等来展开回答"是什么"。

1. 多个要点

概括分为单点式概括与多点式概括。单点式概括也叫高度概括，即把事物的性质特点概括为一个要点；多点式就是把事物的性质与特点概括为多个要点。比如，在茅以升的《中国石拱桥》一文中，明确地概括了赵州桥的四个特点；在叶圣陶的《苏州园林》一文中，从七个方面讲述了苏州园林的特点。

2. 多个方面

"方面"这个词在日常交流中用得非常多，它指一个事物并列的、不同的范围、部分、要素等。多个方面与多个要点、多个角度、多个层次并不需要进行严格的划分。比如，在竺可桢的《大自然的语言》一文中，分析物候现象的来临决定于哪些因素时，列举了四个因素：经度的差异、纬度的差异、高下的差异、古今的差异。

3. 多个可能

人对于事物的存在并不能全然掌握充分的事实，在认识的初期，往往具有探索性质，在写文章时也需要列举多个可能。比如，在邓拓的《不求甚解》一文中："经验证明，有许多书看一遍两遍还不懂得，读三遍四遍就懂得了；或者一本书读了前面有许多不懂的地方，读到后面才豁然贯通；有的书昨天看不懂，过些日子再看才懂得；也有的似乎已经看懂了，其实不大懂，后来有了一些实际知识，才真正懂得它的意思。"这里面就列举了对读书不求甚解的多个可能。

4.多个表现

表现是"是什么"疑问中最要紧的。比如，说一个人值得尊重，就要讲他有什么行为表现值得尊重；说拖延症不好，就要列举拖延症有什么危害；说网络游戏给青少年带来极大危害，就要列举危害的具体表现。在《你是否有拖延症？这六个拖延症表现你中了几个？》一文中，分别列举了拖延症的六个表现：没有自信、只想不做、胆小、缺乏执行力、不主动、懒惰。作者分别分析了这六种表现的具体表现、形成原因及危害，从而形成一篇文章。

5.多个阶段

用于事物的分析，通常采用时间法，分阶段叙述事物发展的过程。比如在《钱江潮涌看精神》一文中，作者以三个阶段分析浙江精神：古代的浙江精神、20世纪80年代的浙江精神、现在的浙江精神。通过三个阶段的不同浙江精神的展示，使浙江精神的内涵更丰满。

6.多个角度

角度，就是观察、认识、评价事物的出发点。不同的角度往往意味着不同的方面。看问题的角度，与当事人的职业、身份、习惯、地位、学问、价值观等有关系。在写作过程中，不仅要亮出作者自己的观点，而且必须提及别人的观点，甚至要有意从多个角度分析问题。比如在《规范与创新》一文中，作者开篇就写道："绘画大师徐悲鸿说：'道在日新，艺亦须日新，新者生机也，不新则死。'孟子则说：'不以规矩，不能成方圆。'这二位贤者，一个强调创新，一个强调规范……"这就是从两个对立的角度陈述不同的观点。又比如，一篇关于高考制度改革的文章，作者采用了六个角度：政府、大学、高中、家长、考生、专家。

7. 多个层次

在分析事物的时候，可以按照事物的重要程度、范围大小、规模大小、优劣等级、数量多少、地位高低等进行层次划分，然后进行事物的描述分析。比如《"三境"提升素养，语文浸润人生》一文，通过课堂学习、课外阅读、生活实践三个层次分析"语文素养大厦"的"基石"、"支柱"与"华盖"。文章还提到王国维的"读书三境界"，也是多个层次分析的经典。

三、多样性

多样性指在写作时，如果要回答"是什么"疑问，既要尽量做到用多个要点、多个表现或多个层次来回答，也要尽量避免单调，要采用不同类型的答案组合回答。主要的答案类型包括以下五种：

1. 直陈观点

大多数文章都会在开头直接陈述观点，谓"开宗明义"。所谓直陈观点，就是在回答"是什么"。在讨论某一问题时，读者必然有一个重要的疑问：你对这个问题的观点是什么？比如在邓拓的《不求甚解》一文的开头："一般人常常以为，对任何问题不求甚解都是不好的。其实也不尽然。我们虽然不必提倡不求甚解的态度，但是，盲目地反对不求甚解的态度同样没有充分的理由。"

2. 现象罗列

观点通常由具体的现象概括、提炼、归纳、抽象出来。在写作中要表明观点，但是不能不说具体的现象。现象罗列的好处有三：一是让读者有代入感。比如，写拖延症的表现有哪些，读者看了认为自己也有这样的表现，就会更有代入感。二是可以丰富语言。罗列几种不同的现象，文字自然更丰富。三是避免枯燥。现象的罗列可以让文章内容更生动，不至于只有要点。

3. 含义解释

含义是对文章中的关键性概念下定义，清楚地说明其内涵。这样做的好处有三：一是让读者更清楚，二是可以丰富文字，三是解释含义可能就是在直接破题——说破题目的要义，即亮明观点。比如，邓拓在《不求甚解》一文中写道："可见这不求甚解四字的含义，有两层：一是表示虚心，目的在于劝诫学者不要骄傲自负，以为什么书一读就懂，实际上不一定真正体会得了书中的真意，还是老老实实承认自己只是不求甚解为好；二是说明读书的方法，不要固执一点，咬文嚼字，而要前后贯通，了解大意。"

4. 名人名言

引用名人名言，是一种很好的修辞手法，在学生作文之中，名人名言甚至是不可或缺的一个部分。名人名言多数时候都是用来回答"为什么"和"怎么办"的，但是，回答"是什么"也常常会用到它。比如，在《规范与创新》一文中，作者引用徐悲鸿的观点："道在日新，艺亦须日新，新者生机也，不新则死。"和孟子的观点："不以规矩，不能成方圆。"然后引出自己的观点。

5. 典型事例

现象的罗列往往是概括性的，典型事例虽然也有一定的概括性，但是比较而言，它在罗列现象方面要稍微详细一些，会增加一些关于人物、行为、事件、过程、原因、结果等方面的叙述。比如《敢为人先》一文，分别通过三个典型事例，诠释了敢为人先的内涵：商鞅推动秦国变法、邓小平推行改革开放、乔布斯研发苹果手机。这是用典型事例来回答"是什么"的不错的例子。

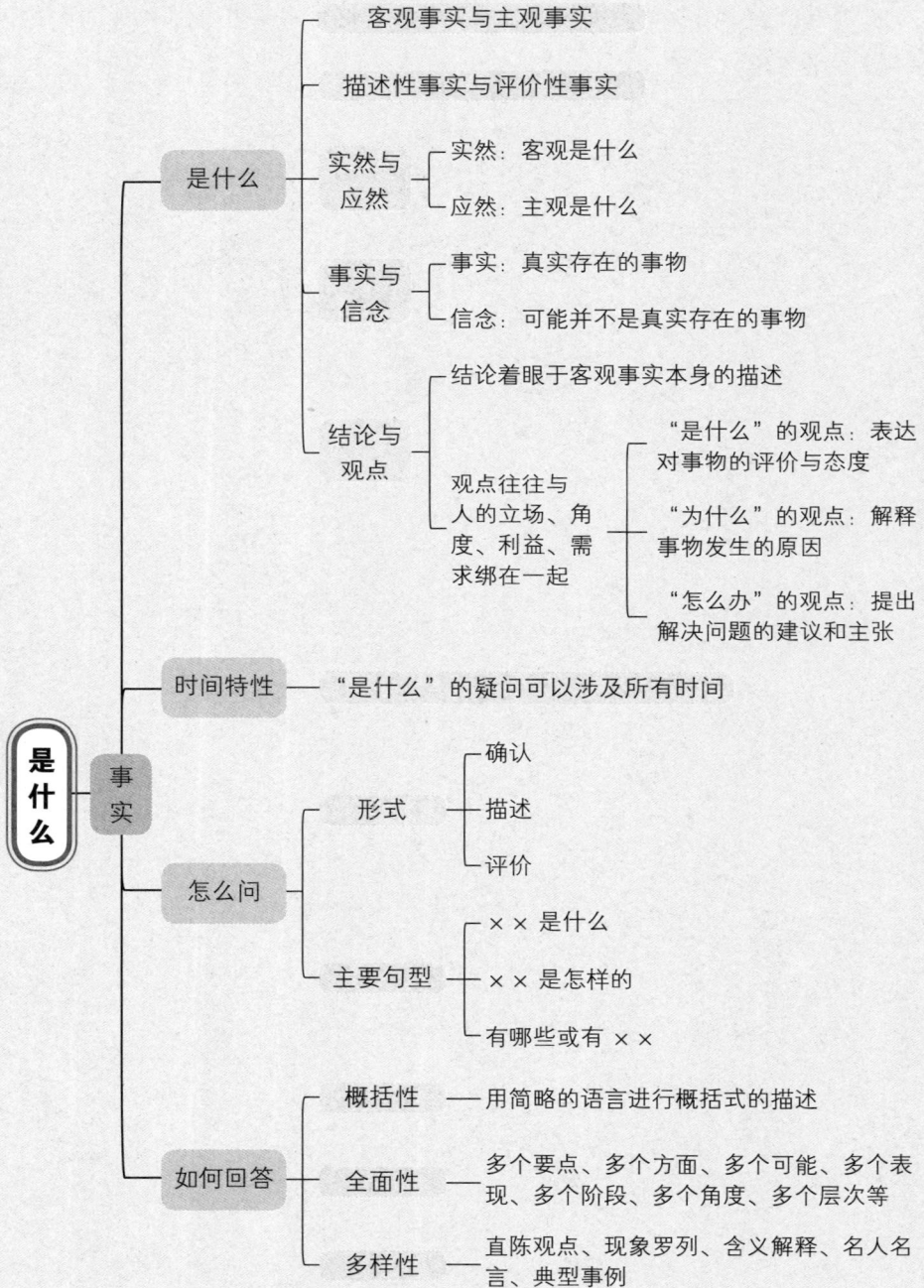

客观事实与主观事实

描述性事实与评价性事实

是什么

实然与 —— 实然：客观是什么
应然 —— 应然：主观是什么

事实与 —— 事实：真实存在的事物
信念 —— 信念：可能并不是真实存在的事物

结论着眼于客观事实本身的描述

结论与
观点

"是什么"的观点：表达
对事物的评价与态度

观点往往与
人的立场、角
度、利益、需
求绑在一起

"为什么"的观点：解释
事物发生的原因

"怎么办"的观点：提出
解决问题的建议和主张

时间特性 —— "是什么"的疑问可以涉及所有时间

是
什
么

事
实

形式

确认

描述

评价

怎么问

主要句型

×× 是什么

×× 是怎样的

有哪些或有 ××

概括性 —— 用简略的语言进行概括式的描述

如何回答

全面性

多个要点、多个方面、多个可能、多个表
现、多个阶段、多个角度、多个层次等

多样性

直陈观点、现象罗列、含义解释、名人名
言、典型事例

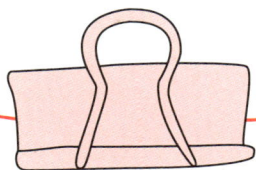

第十章

原因

为什么要学会讲"为什么"

第一节　什么是"为什么"

一、解释

学习的一条重要准则是："知其然，且知其所以然"。关于这句话的理解一般是：知道它是这样的，还要知道它为什么是这样的。很多人读《十万个为什么》，就是因为在面对许多现象时，都忍不住探究其背后的原因、理由、原理、动力、规律。

"为什么"是"元问题"中的一个重要问题，它属于解释性问题。所谓解释，就是在对事物观察、了解的基础上，合理地说明事物出现、存在、变化以及消失的原因，或者对自己和他人的行为、观点和选择的理由进行探究、挖掘和推断。

解释的目的有三个：一是让自己心安，二是让别人理解和接受，三是做正确的事情。对不了解的事实、令人迷惑不解的现象、令人不理解的事情、令人觉得奇怪的行为与选择、独特的观点等，都要进行解释，即提出"为什么"的疑问，包括：为什么会存在……为什么会发生……为什么有……为什么想……为什么能……为什么要……为什么不要……为什么可能……为什么可以……为什么不行……为什么反对……为什么赞成……为什么喜欢……为什么厌恶等。

正常情况是不需要问"为什么"的。思考的起点之一是因为意外，"为什么"的疑问就是由意外、特殊引起的。当代著名哲学家陈嘉映先生在《哲学·科学·常识》一书中指出，我们只有针对比较特殊的事情才能问"为什么"。比如村头老张家生了个毛孩儿，大家会问为什么这个孩子浑身是毛，因为孩子浑身长毛是个例外，不正常，所以才会问"为什么"。如果老张家出生的孩子很正常，就不会有人有疑问。

1. 因果关系

当代思想家、世界顶尖语言学家和认知心理学家、TED演讲人史蒂芬·平克在《思想本质：语言是洞察人类天性之窗》一书中指出："空间、时间、因果关系是人类赖以思考的三大基础结构，但我们却无法真正理解它们。"

古希腊哲学家亚里士多德提出著名的"四因说"。他认为自然界的运动发展存在着因果关系，包括四种不同的原因：质料因、形式因、动力因和目的因。这里的原因就与"为什么"相对应。从古至今，人们都对事物的存在与变化抱有好奇心，看到某种特别的现象时，总会产生疑问——它为什么会这样呢？

美国作家托德·布赫霍尔茨的著作《天才的回声：经济学大师与他们塑造的世界》在讲到现代经济学之父亚当·斯密时说，从17世纪开始，越来越多的人开始追随弗朗西斯·培根和尼古拉·哥白尼的勇敢之路，因为他们有独立于教会的支配地位，乐于探寻对自然事件的合理解释。亚当·斯密也像伽利略和牛顿一样，在努力探求事物的因果关系。

瑞·达利欧是全球知名投资家、企业家，对冲基金公司桥水的创始人。桥水创立至今，为客户赚取的收益远远超过历史上任何一家对冲基金公司。达利欧认为，桥水的成功源于他奉行的一套原则，他的畅销书《原则》因此而来。达利欧说："我们可以像看待机器一样看待生活、管理、经商和投资，并将其系统化为一系列原则。"这个观点给我留下深刻的印象，我觉得他是一个超级的、固执的、机械的因果决定论者。《原则》一书所列举的21条高原则、139条中原则和365条分原则，就是达利欧对生活与事业中各种因果关系的解释，也是他的行动指南。

我认为，对因果关系的认识，恐怕从人类诞生那一刻就开始了。人类的智慧，可以说是研究发现各种因果关系的总和。科学家、理论家、思想家都会提出自己对某个问题的因果关系的说明，也就是必须提出自己对某个问题"为什么"的解释，而且必须是独到的解释。

2. 大道理与小道理

人们常说："做人要讲道理。"道理有两层含义。其一，与"不讲道理"相反，"讲道理"指通情达理，即善解人意，说话做事不违背常理，是对人的一种赞美。其二，与"讲歪理"相反，"讲道理"指讲出事物的规律、法则或行为根据、理由等。前一层含义的重点在"讲"，后一层含义的重点在"道理"。

道理式的答案非常适合回答"为什么"的疑问。之前讲过，道理式答案是事实，但并不是纯粹的事实，而是蕴含着因果关系的事实。这种事实表现出强烈的解释原因的倾向，它存在的目的绝不仅是为了陈述，而是为了解释。

关于"讲道理"这种说明因果关系的句子，在形式上，有时候有因有果，很多时候只有因或只有果。比如：做人要诚实——这句话只有"因"，当以诚实做人为"因"，就可能获得"果"，比如，尊重、机会、信任、拥戴以及金钱等。

讲道理是在讲"为什么"，道理分大道理与小道理。

大道理，是规律，是普遍法则；小道理，是常识，是日常事理。大道理与小道理最重要的区别在于，大道理涉及的范围更大，小道理涉及的范围比较小。大道理涉及宇宙、自然、人类，讲的通常是关于宇宙、自然、人类，至少是很大范围内的、一个大类的事物的规律与法则；小道理涉及具体的人与事物，通常讲的是具有常识性的、涉及具体事实的因果关系，比如，某个人、某个现象、某个物品、某个事件等。

例如，关于大道理的疑问：

为什么做人要讲诚信？

人这一生为什么一定要努力？

为什么经济学家的预测经常不准？

人们为什么要说善意的谎言？

为什么地球绕着太阳转？

关于小道理的疑问：

为什么有些人经常肚子饿？

为什么我不想去参加这次派对？

为什么他的成绩一直不好？

为什么我想自己创业？

为什么公司今年发生亏损？

为什么人人都喜欢使用微信？

当然，大道理与小道理有时候并不能够截然分开，因为小道理背后可能蕴含着大道理，两者之间难以截然分开。比如，秃子悖论，如果一个人只有一根头发，可以称他为秃子；然而，如果他一根一根地加头发，加到多少根才可以不称其为秃子呢？

3. 原因与理由

概括来说，“为什么”疑问引出的是关于原因的答案。在探讨事物的因果关系时，经常会分为客观原因与主观原因两类。

但是，我还是把"原因"用于客观事物，"理由"用于主观心理。也就是说：讲原因，是"客观为什么"；讲理由，是"主观为什么"。因此，"为什么"可以分为两个小类：

"客观为什么"——原因

"主观为什么"——理由

讲某一事物为什么会成为今天这个状态，可以找出各种原因；讲为什么会选择某个人、某个东西，采取某种行动，做出某种决定，或者确定某个目标与追求。

客观原因不以人的意志为转移，而主观理由则完全因人而异，千差万别，甚至千奇百怪。一般情况下，在探讨好处、坏处、危害、影响、意义、价值、重要性、紧迫性的时候，会以"主观为什么"来立题。

在写作过程中，往往不把"客观为什么"与"主观为什么"严格地区分开。在分析某些问题的时候，提出一个"为什么"的立题，答案往往包括客观原因与主观理由。比如：

立题：为什么很多人要出国留学？

回答：

出国留学相当于镀金，可以提升自己的竞争力。（客观原因）

家里的经济条件不错，出国留学费用不愁。（客观原因）

向往国外的生活，开阔视野，让自己有一段特别的人生经历。（主观理由）

二、时间特性

"为什么"疑问用事实回答，而事实是有时间特性的，有过去的事实、现在的事实和将来的事实，因此，问"为什么"时，也必须考虑其时间特性。简单来说，在时间特性的基础上，"为什么"可以分为三种：

"过去为什么"

"现在为什么"

"将来为什么"

这三种"为什么"的区别在于，提出疑问所处的时间点不同。大部分人提出的"为什么"，基本基于现在（历史学家或者考古学家可能例外），因为绝大多数人都基于每天面对的事情展开思考。下面这些疑问是典型的"现在为什么"：

为什么随着智能手机的流行，"低头族"越来越多？

为什么现在读书的人越来越少？

为什么出国旅游成为热潮？

为什么我缺乏逻辑思维能力？

为什么我的销售业绩不如公司的同事？

人们除了必须面对当下的问题并且解决它们之外，也常常陷入历史的思考，比如关于某个人、某个公司、某个组织与团体、某个国家与民族的往事，并试图对历史上曾经出现过、发生过的某些现象、事件做出合理解释，也就是回答"为什么"？

下面这些疑问是典型的"过去为什么"：

为什么中国没有发展出近代科学？

为什么孔子会提出克己复礼？

为什么朱元璋要杀掉开国功臣？

为什么唐朝会成为盛世?

为什么我当年会选择南下寻梦?

为什么说我的童年是不幸的?

将来可能发生的事情,也会被问为什么,即"将来为什么"。这类事情包括两种:对客观事物的预测;人的愿望。

下面这些疑问是典型的"将来为什么":

为什么明年会出现干旱?

为什么人类将在五十年后出现能源危机?

为什么我打算五年后去环游世界?

为什么我准备明年创业?

为什么我计划考清华大学?

第二节　怎么问"为什么"

要解决怎么问"为什么",首先要搞清楚"为什么"这种立题在形式上的特征。一般来讲,它是包括"为什么"这三个字的疑问句,或者包括"为何"二字的疑问句。相当于英文单词Why,是因为不明白或不理解某件事情背后的因果关系而发出疑问。

一、"为什么"的基本形式

1.一般形式

"为什么"的立题除了在形式上包含"为什么"或"为何"这样的字

眼之外，还必须包括一种事实或多种事实，比如：现象、表现、行为、状况、事件、问题、目标、愿望、打算、观点等。

在事实、观点与选择（是什么、有什么、要什么、想什么）之后，如果觉得意外、特别、不寻常，或者难以理解等，都可以问"为什么"，"为什么"立题就是引出某个事实、观点与选择背后的原因与理由，常用的六种"为什么"的模式和例子如下：

（1）观点为什么，例如：

为什么我赞成先成家再立业这个观点？

为什么我反对老实人吃亏这种说法？

为什么我认为人人都要讲诚信？

（2）存在为什么，例如：

为什么中国的西部人口比东部的人口少？

为什么贫困人口这么多？

为什么许多人都缺乏逻辑思维能力？

（3）现象为什么，例如：

为什么现在许多人都喜欢出国旅行？

为什么会出现明星天价片酬、耍大牌的现象？

为什么会出现老人摔倒无人扶的现象？

（4）行为为什么，例如：

你们为什么要采取报复行为？

你们为什么不立刻停止报复行为？

我为什么迟迟不动手？

（5）选择为什么，例如：

我为什么会在20岁的时候就选择创业？

他为什么会选择把公司弄到美国上市？

评委们为什么会把选票都投给公众并不看好的他？

（6）目标为什么，例如：

我为什么设定这个目标？

我为什么想把"元写作一课一书"推广成为学生必学课和必读书？

为什么你一定要成为老板？

虽然上面有六种"为什么"，但是，总结起来，"为什么"可以分为三种类型，即对结果进行解释、对想法进行解释和对做法进行解释。

（1）解释结果。

结果，本义指植物长出果实，引申为事物发展所达到的最后状态。人类的行为都是希望获得好的结果，人们总是问别人"结果如何"，也总是被别人问"结果如何"。

通常的表示结果的词语包括成绩、收获、问题、失误、状态、事实、现象、影响、表现、特点等。

除了关心结果之外, 还会关心结果背后的原因, 也就是解释为什么会有 (出现、存在、发生、导致、产生、取得) 某种结果。

因果关系存在着时间关系, 即结果是一个时间段的最后状态——现在的状态。对结果进行解释, 就是在过去的时间里寻找导致结果出现的要素。比如, 生病了, 为什么会生病, 是过去的某些个要素导致的。也就是说, 原因在先, 结果在后。

并不是任何两个事物只要先后出现, 就是因果关系, 比如刚打一个喷嚏, 接着天下雨了。绝不能把下雨的原因解释成打喷嚏。因此, 怀疑论哲学家休谟甚至很极端地否定因果关系, 他认为因果关系只是人们的一种想象, 是人们把先后出现的两个事物建立联系的一种自我安慰。

我愿意把休谟的观点视为一种善意的提醒, 不要任意解释因果关系, 否则容易陷入诡辩——虽然人们经常这么干。关于对结果的解释, 举例如下:

为什么我们能够取得这样的成绩?

为什么这次活动能够取得如此大的收获?

为什么公司总是发生这样的问题?

为什么你工作上总是出现同样的失误?

为什么会造成目前的状况?

为什么现在社会上会存在这种不好的现象?

为什么我的逻辑思维能力特别强?

为什么孩子会养成这样的习惯?

为什么这类人会形成这几个特点?

为什么他一到关键时刻就是这样的表现?

（2）解释想法。

为了叙述的方便，这里把结果视为客观的事物，虽然结果也可能是主观的事物，比如，某人被人欺侮之后产生了报仇的心理。与结果这种客观事物相对应的，就是主观想法。相对而言，想法存在于人的大脑里，或者存在于电脑、纸上以及人的嘴巴里，它并不是一种已经实现的东西，更不是一种实体的存在。但它们又是存在的，因此，我也把它们称为事实。在这里姑且把结果称为客观事实，把想法称为主观事实。

在人际交流中，除了关注客观的结果之外，还必须关注主观的想法，想法通常包括观点、态度、感受、目标、愿望、要求、决定、意见、打算、建议等。对想法进行解释，是一种比较宽泛的说法。想法可以分为两大类：一类是观点、见解、态度等，是对一个事物进行评价，属于"是什么"范畴；另一类是打算、建议、措施等，是想对一个事物实施改变，大体上属于"怎么办"范畴，但是是概括性的。

对观点、见解、态度的解释，很多时候是在论证，是强调自己的观点、见解、态度的正确性，从而达到被人理解与接受的目的。对打算、建议、措施的解释，往往是在阐明其可行性、合理性与必要性，目的也是让人理解与接受。简单来说，前一类可以叫"为什么要这么想"，后一类可以叫"为什么要这么做"。关于对想法的解释，举例如下：

为什么我的观点是正确的？

为什么我对这件事情有这样的态度？

为什么我的感受是如此糟糕？

为什么我们要确定这样的目标？

为什么我会有这样的愿望？

为什么他们要提出这样的要求？

为什么我们要做出这样的决定？

为什么我打算这么做？

为什么我想给大家提出这些建议？

（3）解释做法。

第三类"为什么"——对做法进行解释。做法包括行动、行为、措施、计划、思路、方法、手段、方案、策略、对策等。在上文的"解释想法"中其实也包括了做法，但是，是面向未来的做法，即现在有一个目标，打算怎么实现这个目标。

这里的做法不是面向未来的，而是过去已经完成了的做法，包括刚刚完成了的做法，甚至还包括正在进行中的做法。

可以利用英语时态理解，"想法"中的做法（其实只是一个想法），可以称为"将来进行时"或"将来完成时"，表示要在将来某一时间开始或者完成的动作。而此处的做法，可以称为"过去完成时"，表示过去某一时间就已经发生或完成了的动作，对过去的某一点造成了某种影响或结果。

要注意的是，这里的做法会成为第一类"结果"的部分原因——即人类行为的部分。可以说，对做法的解释，就是对导致结果的原因（人类行为那一部分）的解释。

根据时间因素，做法可以分为两类：一类是距离现在久远的；一类是刚刚发生的，甚至是正在进行中且没有完成的。前一类是历史。讨论历史时，人们总是会问："某人当时为什么要这样做呢？"试图找到合理的解释。后一类则是眼前的，比如老师说，昨天你的孩子偷偷把手机带进了学校，你一定会问孩子："你为什么这样做？"虽然孩子的解释基本不会让人满意，但是，还是需要一个关于这种做法的解释。关于对做法的解释，举例如下：

为什么你们当时会采取这样的行动？

为什么当时我采取这样的应对措施？

为什么他们会发生这样的行为？

为什么你创业时会拟订这样一个计划？

为什么他们会用这个思路来挑战对方？

为什么你会采用这个方法？

为什么那时你会采取如此手段打击对方？

为什么你要提出这个方案？

为什么我们当时选择了这个策略？

为什么我三年前调整了对策？

2. 特殊形式

有些疑问句虽然在形式上属于"是什么"，但其实是在问"为什么"。这个问题在前面已经讲过，这里再次指出，比如：

我们创业的初心是什么？

耳鸣是什么原因引起的？

经常掉头发是什么原因？

我成绩好的原因是什么？

这几天我不想去上班的理由是什么？

他坚持不让步的理由是什么？

干这件事情的好处是什么？

新项目有什么挑战？

你的建议有什么可行性？

确保质量有什么重要性？

搞好这项工作有什么重大意义？

二、提问方法——连续追问为什么

关于怎么问"为什么"，我想特别提及"连续追问为什么"这个方法。它源自于《丰田思考法》。书中介绍了丰田公司"找出真正的原因"的方法——连续问五次"为什么"，给我留下了极其深刻的印象。这是对"为什么"的一种深化，对通过思考寻找问题的真正原因极有启发。书中举了一个例子，"年轻营业负责人的业绩下降"，要找到真正的原因，并解决问题，必须提出一连串的五个"为什么"：

为什么业绩下滑？……因为无法拓展新客户

为什么无法拓展新客户？……因为就算上门访问也无法成功商谈

为什么无法成功商谈？……因为没有第二次访问

为什么没有第二次访问？……因为不能很好地说明商品

为什么不能很好地说明商品？……因为对商品的知识不足

有个成语叫"刨根问底"，还有个俗语叫"打破砂锅问到底"，其实"追问五个为什么"是流传千古的常识与智慧。

如果想要写文章有逻辑性，有话可说可写，就得刨根问底、追问到底。

第三节 怎么回答"为什么"

一、回答"为什么"的内容

用什么内容回答"为什么"立题。答案是——道理。前面说过，"是什么"用事实回答，"为什么"用道理来回答，"怎么办"用方法来回答。回答"为什么"就是"讲道理"，就是告诉大家"因为……，所以……"道理就是论据，过程就是论证。因此，可以列出下面这个等式：

内容=论据=道理

不过，论证的方法很多人总结得比较笼统，比如，网上关于论证的方法有以下几种：

（1）事例论证：通过典型事实、案例、数据加以论证，从而使论证更具体、更有说服力。

（2）理论论证：通过列举公认的理论、定理、观点的方式证明论点，使论证具有说服力。

（3）比喻论证：通过比喻进行证明，使论证生动形象、浅显易懂。

（4）对比论证：作用就是突出强调。

（5）引用论证：如引用名人名言、格言警句、权威数据，可以增强论证的说服力和权威性；引用名人逸事、奇闻趣事，可以增强论证的趣味性，吸引读者。

这五种论证方法，将拿什么内容（论据）论证与论证的技巧混淆在一起。上述五种方法，其中（1）和（2）属于内容（论据），只有（3）（4）（5）属于论证方法。

实际上，回答"为什么"立题的时候，要么是用事例作答案，要么是用理论作答案。

回答"为什么"立题的目的是"讲道理"。有时候，"讲道理"看上去像在"摆事实"，为什么呢？因为事实存在于一个连续的因果链条上，某个事实对于A事物它是果，对于B事物它却是因。也就是说，"讲道理"的时候，其实还是在"摆事实"，比如：

问：下月初我们一起去三亚旅游好吗？
答：我不想去三亚？
问：为什么你不想去呢？
答：我已经去过三亚了。

在回答"为什么不想去三亚"这个问题时，是用"我已经去过三亚了"这个事实作答案。不过，这里还蕴含一个道理：因为曾经去过某个地方旅游，所以一般不会再去。表面上是在"摆事实"，其实是在"讲道理"。

二、回答"为什么"的方式

前面讲过，比喻论证、对比论证和引用论证，都属于论证的技巧，也就是说，不论是用事例还是理论来论证，都可以采用比喻、对比和引用等论证方式。事例与理论相当于饭和菜，比喻、对比和引用相当于餐具。

在这里不具体讲如何运用比喻、对比和引用等论证方式，因为这些属于修辞手法，不是本书的重点。

那么关于回答"为什么"的方式，可以先来看一篇例文，题目是《德不孤，必有邻》：

"德不孤，必有邻。"这句话我相信很多人都听说过。它出自《论语·里仁》篇，有弟子问孔子："人皆有兄弟，我独无。"孔子说："德不孤，必有邻。"宋朝的朱熹在《论语集注》中是这样解释："德不孤立，必以类应。故有德者，必有其类从之，如居之有邻也。"就是说，有道德的人是不会孤单的，一定有志同道合的人来和他做伴，就像居家之旁有邻居住着一样。

孔子的话就是告诫我们要做一个有道德的人。那么，在孔子心中，什么样的人是有道德的呢？君子。而君子的标准，《论语》中多处讲到，但我认为最合适的标准是《子罕》篇中讲："子曰：'君子道者三，我无能焉：仁者不忧，知者不惑，勇者不惧。'子贡曰：'夫子自道也！'"孔子的意思是：学问修养合于君子的标准有三个，可是自己一件都没做到，可见孔子是非常谦虚的。

为什么"德不孤，必有邻"呢？可以分别分析君子即有德之人的三个条件。第一，仁。仁是仁慈、善良、宽容，是关爱、同情，是恻隐之心。如果一个人心里充满恶意，说的都是恶言，做的都是伤天害理的事情，他身边还会有人吗？不会。第二，智。智不仅指知识、智商，还包括智慧。人们经常说德、智、体全面发展，把德与智分开，但孔子认为智是德的一部分，也就是说，君子，应该是有智慧的人，这样的人一定会有朋友、有邻居、有追随者。第三，勇。勇是勇气、勇敢，是敢于担当，敢于冒险，是在困难与问题面前不会畏首畏尾。懦夫不仅不可能有作为，更不可能获得他人的尊重。总之，具备"智、仁、勇"这三个条件的有德之人，是永远不会孤单的。

如何修德呢？第一，领悟天地之道，心怀敬畏；第二，与有德的人交朋友，见贤思齐；第三，严格要求自己，恪守规矩。做到这三条，就能走遍天下，无愧人间，从而"德不孤，必有邻"。

　　本文分四个自然段。第一段回答 "是什么" 的立题，即 "德不孤，必有邻" 的来历及含义。第二个自然段也回答 "是什么" 的立题，即有道德的人的标准是什么。第三段回答为什么 "德不孤，必有邻" 的立题。第四段结尾，简要地回答 "如何修德" 的立题。要注意的是，第三段回答 "为什么" 的立题时，是基于第二段 "是什么" 立题的答案展开的。

　　回答 "为什么" 的立题要特别注意以下两点：

　　回答 "为什么"，是在 "讲道理"，是告诉读者某个行为、观点、选择、现象、事实的好处、意义、价值、作用、原因、理由、重要性、必要性、可行性，以及坏处、危害、挑战、风险、压力、困难、问题等。

　　回答 "为什么"，是用两种内容（论据）来回答：事例与理论。事例包括概括性的事例、数据，个别的案例，以及具体的事例即故事——很多时候，作者都会通过讲故事的方式论证自己的观点。理论则指各门学科中的公认定理、观点，包括名人名言。事例论证与理论论证往往需要同时运用，以增强说服力。

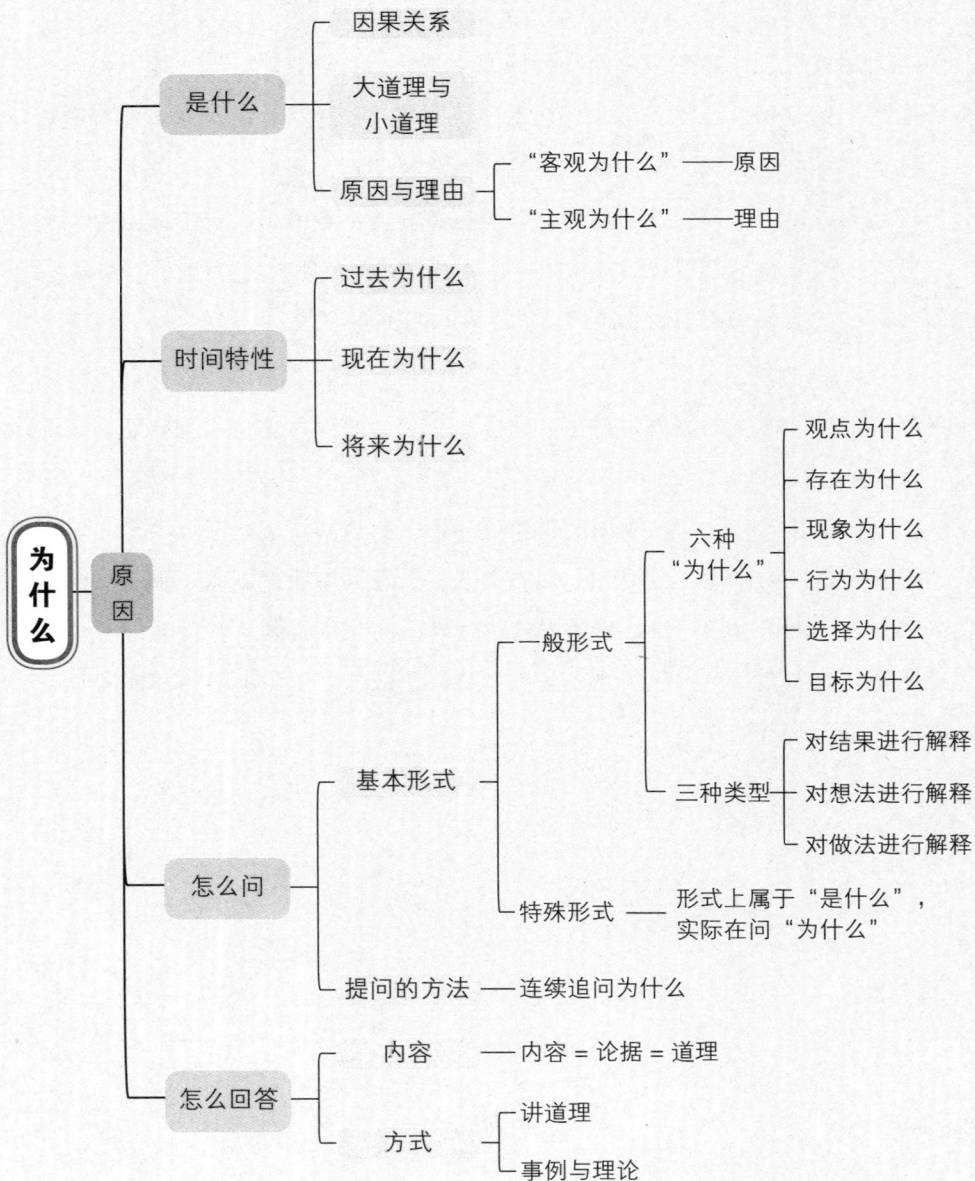

为什么

原因

- 是什么
  - 因果关系
  - 大道理与小道理
  - 原因与理由
    - "客观为什么"——原因
    - "主观为什么"——理由

- 时间特性
  - 过去为什么
  - 现在为什么
  - 将来为什么

- 怎么问
  - 基本形式
    - 一般形式
      - 六种"为什么"
        - 观点为什么
        - 存在为什么
        - 现象为什么
        - 行为为什么
        - 选择为什么
        - 目标为什么
      - 三种类型
        - 对结果进行解释
        - 对想法进行解释
        - 对做法进行解释
    - 特殊形式——形式上属于"是什么"，实际在问"为什么"
  - 提问的方法——连续追问为什么

- 怎么回答
  - 内容——内容 = 论据 = 道理
  - 方式
    - 讲道理
    - 事例与理论

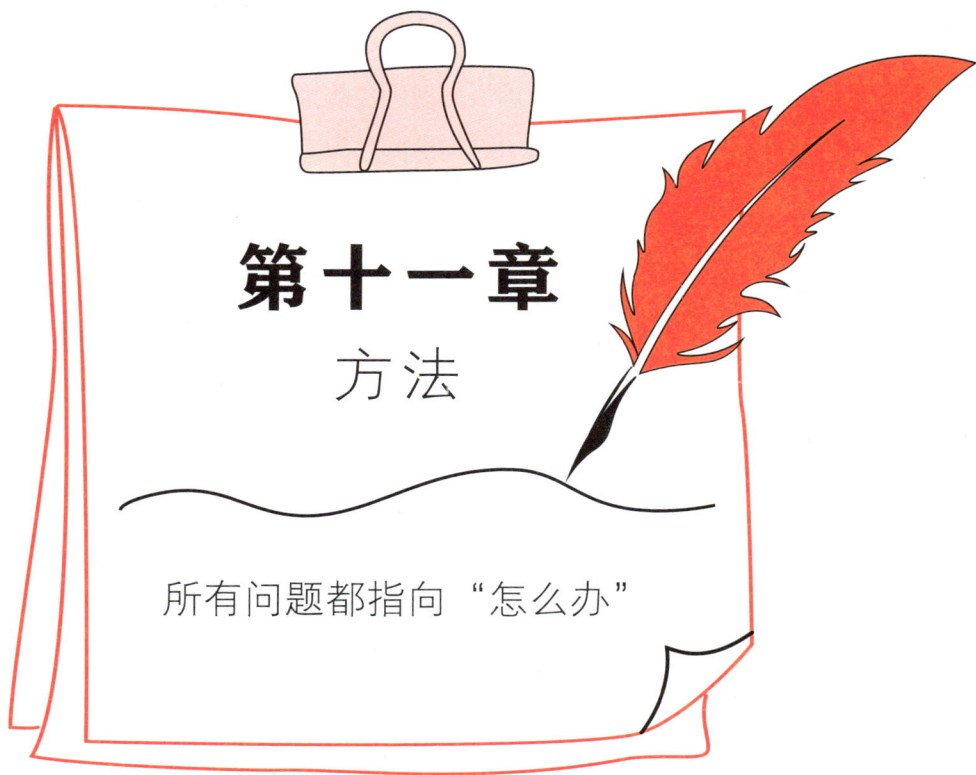

第十一章

方法

所有问题都指向"怎么办"

第一节　"怎么办"在问什么

人类生存的意义在于解决问题，实现自己的目标与理想。所以，人们总是在为各种事情确定目标，同时也在为实现目标而寻找方法、提出对策。

涉及方法、办法、建议、打算、对策、措施、方案等内容，并需要深入展开的时候，就可以用"怎么办"立题，并且用"要求式答案"回答它。

"怎么办"疑问在形式上通常与这些关键词有关：解决、克服、战胜、达到、做到、实现、应对、具有、提供、提高、提升、消除、掌握、获得、赢得等。

要注意，上面这些关键词均属于动词，也就是说，"怎么办"的核心在于"办"。"办"有力取、致力之意，本义为办理、治理，强调通过某种行为、行动达成某种目的。简单来讲，"怎么办"就是怎么做。对于"怎么办"的立题，通常会以"要与不要""应该与不应该"来回答，尤其要记住，回答"怎么办"时，句子应以"要"字开头。

前面讲过，"怎么办"疑问属于"规定性疑问"，答案则是"要求式结论"，回答时以"提要求"的形式出现。为什么这样呢？因为，"怎么办"是基于对事物因果关系或规律（也就是自然法）及法律、道德等规则的掌握，在事物或行为的数量、质量、方式和方法等方面，对别人或自己提出的具有影响力甚至约束力的要求或建议。

人类面临的问题（此处特指毛病、欠缺、不足）大概可以分为三类：原生型问题、发生型问题和设定性问题。"怎么办"就是解决这些问题。

注意，解决问题与达成目标是一个事物的两个方面。

人们常说"知其然，且知其所以然"，其意思有两层：一，知道它是A，还知道它为什么是A；二，知道它应该是B，还知道它怎么才会成为B。前一层含义是讲"为什么"，后一层含义是讲"怎么办"。

"为什么"这类疑问是基于当下已经存在的事物，是探寻其原因，即研究因果关系；"怎么办"这类疑问是基于未来的目标，确定当下及未来的行动方案。换个说法，也就是"过去因，现在果"是因果关系，"现在因，将来果"是条件关系。因果关系和条件关系，统称为"讲道理"。

虽然"怎么办"疑问也是研究因果关系，但是这种因果关系是面向未来的，把当下及未来采取的行动当成最终目标实现（即结果）的原因。为了区别，在此将其称为条件关系，即达成某种条件，才能得到某种结果。

第二节　"怎么办"的类型

"怎么办"是一个很大的问题，在问"怎么办"的时候，如果不能区分不同的类型，往往会不得要领，问不到点子上。

有一篇文章的题目叫《怎么克服公众演讲的恐惧》，通读全文后看不到一个字在讲"怎么办"，只讲了公众恐惧演讲的八个原因。也许，是想从原因分析中获得"怎么办"的启发，但是，读者需要更直接的答案。比如，只说为什么挣不到钱的原因，虽然从原因中也会有启发，但是，读者更需要直接看到怎么才能挣到钱的方法。

"怎么办"疑问的类型大体可分为四类对应关系。

一、"总体怎么办"—"具体怎么办"

"总体怎么办"也可以称为"原则性怎么办"。"总体怎么办"包括原则、基本、大概、底线、倾向、方向、目标、整体等，这是思考问题并决定怎么办时的重要选择和决定。比如：

对于我们两家公司的合作，总体上你们认为该怎么办呢？

对于这次事故，我们原则上该如何处理呢？

怎么挽救公司，请问你有什么方向性的建议？

怎么处理这次纠纷，我们应该遵循哪几条基本原则呢？

"具体怎么办"又称为"操作性怎么办"。"操作性怎么办"是在问具体解决问题或达成目标的方法、工具、措施、手段等。与"总体怎么办"比较，"具体怎么办"一定是解决问题的直接、实用、可操作的方式、方法、工具、措施、手段等。

有一篇文章叫《如何提升写作水平》，一看题目就知道是一篇关于"怎么办"的文章，作者的建议包括明确写作目的、多阅读经典、掌握实用的写作技巧、多做笔记、坚持练习、向高手请教、多做自我总结等。这些建议有错吗？似乎没有错. 有用吗？基本上也没有用，因为讲的都是"原则性怎么办"，没有具体、实用、可操作的方法。

对比而言，作者直接举出几个"实用的写作技巧"，对读者更有价值。"多阅读经典"本身就是一个非常大的话题——什么叫经典，怎么选择经典，如何快速阅读经典，如何有效阅读经典，如何让经典有助于写作，等等。这些问题都需要具体化。

有的人将文章分为"鸡汤文"和"干货文"，"鸡汤文"就是只写"是什么""为什么""原则性怎么办"的文章，而"干货文"就是重点讲"具体怎么办"的文章。比如：

怎么才能确保创业成功呢？第一，选择一个好的项目；第二，建立高端人脉关系；第三，打造优秀的团队。

这三点确实不错，但只是泛泛而谈，如果只谈为什么要选择一个好项目，为什么要建立高端人脉，为什么要打造优秀的团队，而对具体如何选择好项目、如何建立高端人脉、如何打造优秀团队只字不提，不就没有意义了吗？

前面讲"为什么"的时候说过《丰田思考法》的"连续追问五个为什么"，连续追问可以让我们找到真正的原因。其实，我们问"怎么办"时，如果也连续追问五个"怎么办"，那我们所得到的解决问题的答案，一定会更全面、更具体、更深入、更细致、更独到、更有用。

二、"思想上怎么办"—"行动上怎么办"

"思想上怎么办"和"行动上怎么办"，两者区别很大。有一句话叫"思想上的巨人，行动上的矮子"，意思是想法很多，但是没有实际行动。

实际上，从整体来讲，"思想上怎么办"是不可或缺的，甚至在解决问题的过程中起着决定性作用。

为什么思想如此重要呢？有一个大多数人比较认同的说法："思想决定行动，行动决定习惯，习惯决定性格，性格决定命运。"为什么大多数人会比较认同呢？因为人的命运看似由客观环境和条件决定，但是，在相同的环境和条件下，每个人的思想不同，往往决定了他们的命运不同。也就是说，客观环境与条件不能被掌控和改变，但是自己的思想却是可以被掌控和改变的。

"思想上怎么办"包括什么呢？以下这些关键词都属于思想的范畴：

认识、知识、观念、信念、信仰、意识、意志、欲望、需求、情绪、感情、态度、标准等。思想层面看似虚无缥缈，但是它时时刻刻都在支撑着人的行为。

人与动物的区别大概就在于此，动物只是凭借感觉和条件反射而行动，而人则依赖理性与感性交织的思想，被思想层面控制、驱策和改变。

"思想上怎么办"，可以将前面所列的关键词前加上动词，比如：提高认识、增加知识、改变观念、树立信仰、强化意识、坚定意志、激发欲望、刺激需求、控制情绪、增进感情、端正态度、明确标准等。由此可以想到，很多人在行动上没有效果，可能是因为首先缺了"思想上怎么办"。

"行动上怎么办"又是指什么呢？指具体的手段、措施、步骤、方法等，是人受思想支配而表现出来的外在活动。比如：

问：如何提升写作水平？

答：第一，明确写作的目标。（思想上）

第二，保持学习的热情。（思想上）

第三，坚持每天写一篇文章。（行动上）

第四，参加一个写作培训课程。（行动上）

三、"前提性怎么办"—"落实性怎么办"

如果把解决问题分成多个阶段，大致可以分为两个阶段：准备和实施。准备阶段要解决一些前提性的问题，实施阶段则是在具体落实，因此，"怎么办"也可以分为"前提性怎么办"和"落实性怎么办"。

比如，要举办一次会议，哪些属于"前提性怎么办呢"？第一，确定会议议题、内容。第二，确定会议开始和结束的时间。第三，确定与会人员多少，有哪些公司，最好能确定重要人员名单。第四，确定会议的方式，比如演讲式还是讨论式。第五，确定会议的经费、场地、物料、工作人员安排等。

"落实性怎么办"指如何执行到位，把前期准备、安排好的各个事项落到实处，达到预期的效果和目的。即使准备、计划非常完美，如果不执行到位，就没有意义。许多人觉得自己很失败，原因是什么？因为一直在准备，在计划，可是没有行动，没有执行，或者在执行过程中偏离目标，半途而废，最终一事无成。

比如，想要提升写作水平，大量阅读、参加写作培训班、找人讨教学习、摘录精彩的句子、计划一年写20篇文章、注册一个写作账号、计划出版一本书等，这些行为都属于"前提性怎么办"；"落实性怎么办"是立刻，马上开始写文章。

四、"获得性怎么办"—"表现性怎么办"

我曾经执导一个学生写演讲稿，主题是"做一个有幽默感的人"。他采用的方法是分别展开三个立题进行演讲。首先讲"是什么"——有幽默感的人有什么特征；接着讲"为什么"——为什么大家喜欢有幽默感的人；最后讲"怎么办"——怎么让自己成为一个有幽默感的人。

前面两个立题都讲得不错，最后一个立题，他讲了三点：

怎么让自己成为一个有幽默感的人呢？我认为要做到三点：第一，同理心。要让自己具备幽默感，首先需要有同理心。所谓同理心就是站在对方的角度考虑问题，理解对方的感受。如果想成为有幽默感的人，首先要训练自己的同理心。第二，分寸感。要注意讲话的场合，分清对象，在不恰当的场合，不合适的对象面前，讲一些看似幽默但毫无分寸、不合时宜的笑话，会有损自己的形象。第三，敢自黑。有幽默感的人是懂得自嘲的人。他们不会惧怕身体的缺陷、学识的浅陋、地位的卑微、金钱的不足，相反他们会以自嘲的方式，跟人交流，让人觉得他们是内心强大、坚强的人。

要注意，立题是"怎么成为一个有幽默感的人"，而这段文章中第一点讲的是怎么获得幽默感，第二点、第三点讲的是怎么表现幽默感，显然，后面两点跑题了。

许多人没有注意"获得性怎么办"与"表现性怎么办"的区别，所以在表达时可能产生偏题跑题或者逻辑混乱。"怎么办"涉及人的行动，行动则涉及人的能力，人们总是先获得（学会、拥有、具备、提升等）某种能力，也就是先成为具有某种能力的人，然后再去表现（运用、施展等）某种能力，并解决某个问题。就幽默感而言，它也是一种能力，首先要获得（或具备）幽默感，然后才能表现幽默感。因此，"怎么获得幽默感"与"怎么表现幽默感"是两个不同的立题。在获得与表现之间，还有保持的问题，比如，怎么获得幽默感，怎么保持幽默感，怎么表现幽默感。保持与获得的关系密切，此处无须赘述。

以下是"获得性怎么办"和"表现性怎么办"的立题举例，可以尝试自己分辨一下：

怎么提升写作水平？

怎么写好一篇文章？

如何拥有强大的执行力？

怎么在工作中展现出强大的执行力？

怎么获得良好的交际能力？

怎么扩大自己的人脉圈？

怎么才能拥有好的演讲能力？

怎么做好一次演讲？

怎么提升销售人员的销售能力？

怎么做好销售，提升销售业绩？

年轻的父母该怎么提升教育孩子的能力？

年轻的父母该怎么教育孩子？

怎么成为一个有魅力的人？

怎么表现自己的魅力？

第三节　"怎么办"的问答策略

一、思考与表达不同

回答"怎么办"疑问时，在人的思考层面与表达层面是有所不同的。

在思考层面，可以直奔主题，直接回答。但是，在表达层面，尤其是在对话、演讲或写作的情景中，有时候必须表现得委婉低调一些。正所谓"人之患在好为人师"，如果直接告诉别人应该怎么办，可能招来忌妒甚至怨恨，再好的意见、方法都可能被扼杀或扔弃。

比如：作为公司的人力资源经理，你新上任不久就面临员工状告公司的案子。老板问怎么办？你怎么回答呢？在这个时候你绝对不能以专家的语气说应该怎么办，而是应该委婉一些说："这方面我不太专业，但是以前的公司遇到过类似的案子，他们是这样处理的……我觉得这种处理方式我们可以借鉴。"

比如：你作为公司老板参加电视节目，跟一群创业者交流。主持人问："你认为怎么才能创业成功呢？"在这个时候绝不能像个大师一样指点江山，而应该低调一些说："我自己也不算太成功，不过可以说说以前的一些做法，总结起来就三点……仅供大家参考，希望对大家有启发。"

这两个例子，一个说别人是怎么办的，一个说我是怎么办的，看似在讲"是什么"，实际是告诉别人应该"怎么办"。为了让听者更容易接受、理解、采纳，所以采用了借人表己的方式。

在写作的表达层面，具体回答"怎么办"这种疑问，分三种类型：

第一，启发引导式。举出一个或多个例子，启发别人举一反三，也可以总结例子的关键点。

第二，重点列举式。列举主要的解决办法，不求全面系统，只是指出关键、重点，或者别人遗漏之处。

第三，系统方案式。每种措施都解决其中某一方面的问题，合起来解决整个问题。

二、先清楚"是什么"

那么，从思考层面如何回答"怎么办"的疑问？

有一个这样的笑话：某人去医院看病，他问医生，平时要注意些什么呢？医生说，多休息，不要剧烈运动，特别是一定要少喝酒，一次最多喝二两。过了半个月，病人又去医院，医生问他感觉如何。他说感觉好得差不多了，但是自己天天醉酒。医生质问他，不是叫你少喝酒吗？怎么还天天醉酒？病人说："我以前根本不喝酒啊！是你让我每天喝二两的。"

这个笑话说明，在回答"怎么办"之前，一定要先搞清楚"是什么"。

在大多数的情况下，回答"是什么"和"为什么"之后，都会回答

"怎么办"，因为"怎么办"才是实现最终追求目标的关键。只有搞清楚"是什么"和"为什么"，才能正确地回答"怎么办"。

笑话中的医生没有先弄清"是什么"，给病人提出了"怎么办"之后，病人也没明白医生的建议"是什么"，因此造成了乌龙。

"怎么办"疑问，可以分三个层次或三种方式来回答：

第一，从"是什么"开始。先划分不同的情况，明确标准与目标，然后提出"怎么办"的思路、措施、方案等。

第二，从"为什么"开始。先寻找原因，根据不同的原因提出相应的对策。

第三，直接从"怎么办"开始。直接提出具体措施。前提是"是什么"已经说清楚了或者是大家都知道的。

要提醒的是，有些人会采取最宽泛的方式讲"怎么办"，即把"是什么""为什么""怎么办"融合起来。比如：第一，了解事实，摸清情况（"是什么"）；第二，分析原因，针对解决（"为什么"）；第三，采取行动，寻找方法（"具体怎么办"）。

再举个例子。比如，以"如何过上幸福的生活"为题，如何分别讲"是什么""为什么""怎么办"？如何把"是什么""为什么""怎么办"融合起来。

分别讲：

第一段讲"是什么"，即幸福的生活是怎样的，也就是自己心目中的幸福生活的标准是怎样的。

第二段讲"为什么"，即为什么人人都渴望过上幸福的生活。

第三段讲"怎么办"，即怎么才能过上幸福的生活，要做什么才能让幸福的生活来临。

融合起来讲：

第一段讲，要搞清楚幸福的生活是怎样的。
第二段讲，要搞清楚自己为什么渴望过上幸福的生活。
第三段讲，要具体怎么努力与付出才能过上幸福的生活。

以上两种在内容上有什么区别吗？其实没有区别。

从上面的这个例子可以看出，把内容装进"怎么办"，其实是把内容变成行为要求，即在话语前面加上"要"字。

在回答"怎么办"立题的时候，一般都可以在句首加上"要"或"不要"这样的前缀，这就是在"提要求"。

三、分类先行

上面讲过，回答"怎么办"往往需要从"是什么"开始，而"是什么"当中包括了对事物的分类。"具体情况具体分析"，如果不分类，就只能笼统地回答，不仅没有针对性，而且可能不着边际，甚至可能提不出有价值的解决方法。

回答"怎么办"一定要分类先行。如何分类呢？

1. 分类型回答

分类型是把事物按不同的情形进行划分，然后提出不同的对策和方法，可以称为"分类施策"。

孔子说因材施教，是指老师要从学生的实际情况、个别差异出发，有的放矢地进行有差别的教学，使每个学生扬长避短，从而获得最佳发展。

区分不同的实际情况，其实是讲"怎么办"的基本原则。比如，演讲培训，每个学生的年龄、职位、问题、需求、学历、经历、水平以及智商、理解力、悟性等，都很不一样，甚至天差地别。能够无差别地进行培训指导吗？当然不能。

有的人主要是自信心不足，就重点培养他的自信心，帮助他消除上台讲话的恐惧；有的人主要是没有话说，就培训他如何打开思路，让他有话可说；有的人是讲话没有逻辑，缺乏条理，容易跑题偏题，就培训他如何聚焦思路，有重点、有条理地表达自己的思想。

如何分类型呢？前面关于分析的章节中说过，类型划分所依据的主要标准包括：来源、性质、过程、结果、对象、时间、程度、等级、位置、特征、数量、重要性、紧迫性、关联度，以及下面将要讲到的主体、步骤和原因，等等。

2. 分主体回答

分主体其实也属于分类型的一种，不过是把行动的主体分为不同的类型。之所以要单独讲分主体，是因为这一点特别重要，不能含糊。

"怎么办"立题要特别注意"怎么办"的主体，即要有明确的主语，明确"谁"怎么办。因为主体不同，"怎么办"的办法与措施也是不一样的。

比如，我女儿的初中语文老师在家长会上的开场语：

各位家长，大家好！我是这个班的语文老师，我姓石，非常高兴今天在这个家长会上跟大家认识。今天这个家长会，我想跟大家讨论三个问题：第一，初中语文学什么？第二，我打算怎么提高孩子们的语文成绩？第三，各位家长怎么配合我的教学？

　　石老师的第二个和第三个疑问属于"怎么办"，但是主体不同，第二个疑问是"我"（老师）怎么办，第三个疑问是家长怎么办。

　　再举一个例子：我有一个做企业管理培训的朋友，他曾经问我"如何激励下属"，这个疑问在形式上是没有主体的，也就是没有明确"谁"来激励下属，这就不是一个好的立题。对于这个话题，可以问：

　　老板该如何激励下属呢？

　　高管该如何激励下属呢？

　　主管该如何激励下属呢？

　　这三个立题针对不同的主体，答案自然不一样。

　　当然，在许多文章和演讲中，经常发生省略主语的情况，但这要分两种：一种是在特定的语境当中，读者与听众明白所指主体是谁。一种是作者或演讲者的思维不够缜密或者混乱，无意识地省略了主语，导致语意含糊不清。

3. 分原因回答

　　分原因回答是一种非常实用而有效的方法。前面讲过，回答"怎么办"的疑问，可以先从"是什么"（事实与现象）开始，然后分析"为什么"（原因和理由），最后再讲"怎么办"（对策与方法）。仔细分析就会发现，有时候，会把原因与对策对应起来，有时候也可能不对应起来。比如：

　　为什么很多人都害怕公众演讲？答案是：第一，过去不重视演讲；

第二，从来没有参加过专门的训练；第三，演讲机会太少。这个答案有没有错？没错。那么，怎么才能做到不害怕公众演讲呢？答案是：第一，报名参加培训；第二，学习掌握别人的经验和方法；第三，坚持不懈地刻意练习。

上面这个例子中，原因与对策并不是完全对应的。

原因与对策对应起来，可以称为"转因为策"。比如：

为什么自己成绩不好？第一，学习积极性不高；第二，上课没有认真听讲；第三，没有好的学习方法。

怎么才能提高学习成绩？答案是：第一，要保持学习积极性；第二，要在上课时认真听讲；第三，要掌握有效的学习方法。

上面这个例子中的原因和对策就是对应起来的。它直接、简单地把分析"为什么"的原因，转化为说明"怎么办的"对策，因此叫"转因为策"。"转因为策"不仅实用，而且会对理解立题很有帮助。

4. 分步骤回答

成语"循序渐进"的意思是按照一定的步骤或程序逐渐推进或提高。虽然有的人会说"双管齐下"或"多管齐下"，但是，大多数情况下，如果有多件事情，就得一件事情一件事情地处理；即使是一件事情，也要一个步骤一个步骤地完成。因此，对于"怎么办"的疑问，也可以按照步骤回答。

有一些事情的步骤是不能轻易打乱的，比如打扫教室卫生：将凳子翻过来放到桌子上；在地上洒水；扫地、拖地；将凳子放回到地上；用抹布擦桌子。这个步骤可以打乱吗？显然是不可以的。

按步骤来回答"怎么办"的问题，是最简单的办法，而且既能表现出条理性，也能够让思路不混乱。

比如，单位要组织一次公文写作培训课程，怎么办？

分成四个步骤来进行。第一步，做好调查研究。包括：在充分理解和领会领导意图和要求的基础上，向老同志请教，看以前一般是怎么做的，吸取以往的经验教训，听取他们的建议；上网查询其他单位组织类似活动有什么好的办法；为保证培训更有针对性，听取单位员工对培训的需求、想法和建议。第二步，拟订培训方案。方案包括时间、地点、主讲老师、参加对象、工作人员、培训资料、后勤保障、安全措施、费用预算等，方案写好后报领导审批。第三步，精心组织实施。实施过程中，要抓住三个关键：一是重要人物的时间配合，确保不会缺席；二是保证培训达到预期效果，想办法让参训人员积极认真参加学习；三是确保安全，不能出任何意外事故。第四步，做好总结反思。培训活动结束后，听取参训人员的意见反馈，组织相关工作人员交流讨论，撰写工作总结上报。

按步骤来回答"怎么办"，实际就是把一件事情的相关要素按时间进行排列，既明确了先后顺序，也把各个要素、各个方面的内容做了清晰的陈述。

特别提醒，不仅小事情需要分步骤，大事情更需要分步骤，比如：

我国基本实现现代化的经济社会发展战略是"分三步走"：第一步，从1981年到1990年，国民生产总值翻一番，解决人民温饱问题；第二步，从1991年到20世纪末，国民生产总值再翻一番，人民生活水平达到小康水平；第三步，到21世纪中叶，国民生产总值再翻两番，达到中等发达国家水平，基本实现现代化。

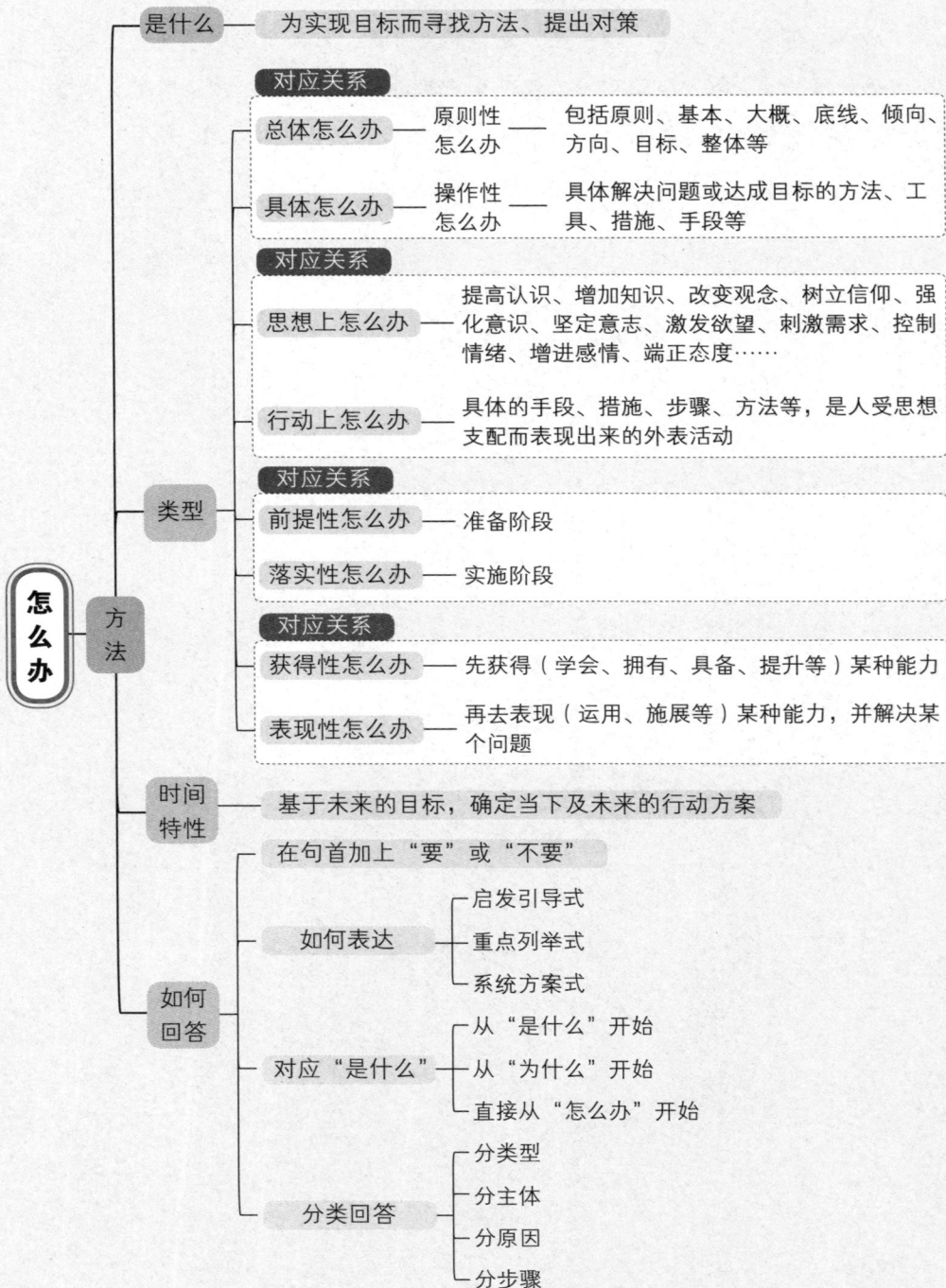

本 章 重 点

怎么办 ── 方法

├─ 是什么 ── 为实现目标而寻找方法、提出对策

├─ 方法
│
│   对应关系
│   ├─ 总体怎么办 ── 原则性怎么办 ── 包括原则、基本、大概、底线、倾向、方向、目标、整体等
│   ├─ 具体怎么办 ── 操作性怎么办 ── 具体解决问题或达成目标的方法、工具、措施、手段等
│
│   对应关系
│   ├─ 思想上怎么办 ── 提高认识、增加知识、改变观念、树立信仰、强化意识、坚定意志、激发欲望、刺激需求、控制情绪、增进感情、端正态度……
│   ├─ 行动上怎么办 ── 具体的手段、措施、步骤、方法等，是人受思想支配而表现出来的外表活动
│
│   类型
│   对应关系
│   ├─ 前提性怎么办 ── 准备阶段
│   ├─ 落实性怎么办 ── 实施阶段
│
│   对应关系
│   ├─ 获得性怎么办 ── 先获得（学会、拥有、具备、提升等）某种能力
│   └─ 表现性怎么办 ── 再去表现（运用、施展等）某种能力，并解决某个问题

├─ 时间特性 ── 基于未来的目标，确定当下及未来的行动方案

└─ 如何回答
    ├─ 在句首加上"要"或"不要"
    ├─ 如何表达
    │   ├─ 启发引导式
    │   ├─ 重点列举式
    │   └─ 系统方案式
    ├─ 对应"是什么"
    │   ├─ 从"是什么"开始
    │   ├─ 从"为什么"开始
    │   └─ 直接从"怎么办"开始
    └─ 分类回答
        ├─ 分类型
        ├─ 分主体
        ├─ 分原因
        └─ 分步骤

第十二章

套路

经典谋篇布局的结构方法

　　"谋篇布局"这个问题，很多作文课与作文书上都讲过。虽然其中讲了不少内容，但是，究竟什么是"谋篇布局"，如何"谋篇布局"，都没有给出可行性的答案。

　　在我看来，"谋篇布局"就是整体思路的延续，也叫结构化表达，它必须解决四个问题：表达的重点、叙述的顺序、整体的结构、材料的取舍。这四个问题，"元写作"理论可以给出最佳解决方案，也就是前面所讲的内容，加上本章介绍的经典结构方法，可以让大家更有大局观，从而更好地解决"谋篇布局"的问题。其中有一些是先贤的思想方法、理论与工具，我将之借鉴到写作上，但是，并不是简单的介绍或者借用，而是会以"是什么""为什么""怎么办"这三个"元疑问"和"问答思维"，打通底层逻辑。很多表面看似不同的方法，其底层逻辑是完全一样的。这些经典结构，在写作中都可以直接套用。希望大家通过认真的研究、反复的练习，做到融会贯通，举一反三。

第一节　"空—雨—伞"法

　　麦肯锡咨询公司有一个著名的"空—雨—伞"陈述模式，非常形象而且容易记忆。安宅和人在《麦肯锡教我的思考武器》一书中这样解释：

　　空：××是问题。（**确认课题**）

　　雨：要解决这个问题，必须查明这里才行。（**深掘课题**）

　　伞：如果是这样的话，就这么办吧。（**做出结论**）

　　安宅和人还进一步以"出门要不要带雨伞"这个生活话题来解释：

空："西边的天空好晴朗啊！"

雨："以现在的天空来看，短时间内应该不会下雨吧？"

伞："这样的话，今天就不用带伞出门了。"

虽然"空—雨—伞"的解释很形象，但是许多人觉得操作起来不得要领。如果将"空—雨—伞"与三种类型的"立题"对应，很多人就会豁然开朗：

空："是什么"——罗列现象，明确话题

雨："为什么"——指出问题，分析原因

伞："怎么办"——指明方向，提出对策

将"是什么""为什么""怎么办"三个元问题（三个立题）串连起来，是一个最经典的写作"套路"，我把这种"套路"称为"三元法则"。严格来讲，"空—雨—伞"与三个元问题的对应略有错位。"雨"如果指问题的话，它也是"是什么"，而并不包含"为什么"。不过，"比喻总是蹩脚的"，这种细微的差别我认为可以忽略不计。

需要提醒的是，上述"雨"中的"问题"指毛病、欠缺、不足等。因此，"为什么"分析的是问题发生或存在的原因。也就是说，"空—雨—伞"主要用来讨论"客观是什么"的问题。比如：

空，"是什么"：公司的产品开发方面存在什么问题？

雨，"为什么"：为什么存在这些问题？

伞，"怎么办"：怎么提升公司的产品开发水平？

不过，"主观是什么"也可以用"是什么""为什么""怎么办"

这三个立题来完整地讨论，只是不能把这种结构简单地等同于"空—雨—伞"。比如：

空，"是什么"：我的理想是什么？（属于"主观是什么"）

雨，"为什么"：为什么我有这样的理想？

伞，"怎么办"：我将怎么努力实现自己的理想？

齐慧发表于《经济日报》2016年10月10日的文章《ETC遇到的问题需系统解决》是一篇典型的"空—雨—伞"结构的文章，分别以"是什么""为什么""怎么办"三个立题来组织文章。当然，在具体运用上还是稍稍有些变化，即在"为什么"和"怎么办"之间，加上了一个"是什么"，即目前存在的问题是什么？

是什么：中国ETC发展的现状如何？答案包括事实与评价。事实是一堆数据，评价是一句话：短短几年内，我国ETC联网系统已成为全球里程最长、站点最多、客户规模和交易增长最迅速的高速公路智能化收费系统。

为什么：为什么要大力发展ETC？答案包括ETC的三大优势：ETC大大提高通行效率，ETC有效降低公路成本，ETC更加环保低碳节能。

是什么：这是一个过渡段。ETC还存在什么问题？简要列举：使用比例不足，未能充分发挥联网作用，操作中还存在一些问题。

怎么办：如何系统解决ETC发展中存在的问题？答案包括四个方面：硬件要进一步完善，服务要进一步跟上，宣传推广力度要进一步加大，加快探索ETC系统的广泛运用。

这个组织结构与叙述逻辑，可以称为思考与表达的"终极模板"。不论演讲还是写作，一般情况下，大的思路都离不开这个套路：提出问题——分析问题——解决问题。

第二节　"四圣谛"法

佛教中的"四圣谛"，既是思考方法，也是逻辑表达方式。2009年，我跟中央民族大学的谢路军教授学习哲学，那时我第一次接触"四圣谛"，就完全被它的奥妙所震撼。

这里先不说"四圣谛"的具体内容及含义，从形式上来看，它其实是提出了四个关键问题，并给出了自己独到的答案，从而形成了自己的核心思想。"四圣谛"也堪称思考与表达的"终极模版"之一。将它与"立题"结合，在依据某个话题写文章的时候，可以用四个立题，即分为四个部分进行：

苦：现状是什么？现象、特征、表现、问题等；（"客观是什么"）

集：为什么是这个现状？原因与理由，主观与客观的分析；

灭：目标是什么？不满足于现状，或者希望更好，期望、目标与愿景是怎么样的呢？（"主观是什么"）

道：怎么实现目标？具体的方法、措施、方案、步骤、对策、要求等。

"四圣谛"法与"空—雨—伞"法几乎是一样的：空对苦，雨对集，伞对道，"四圣谛"法多了"灭：目标是什么"，把目标展开，讲得更详细一些。

事实上，"空—雨—伞"法的"雨"和"伞"之间原本隐含着一个"目标是什么"，因为，"伞"即关于"怎么办"的立题，句子当中会包含目标，比如，在"怎么快速提升自己的演讲水平"这个"怎么办"的立题之中，"快速提升自己的演讲水平"就是一个目标。

世界上很多思想家、理论家都以"四圣谛"法的模式建立自己的思想体系。我的演讲理论也借鉴了这个结构：

苦：人们常见的演讲的问题有哪些？

集：为什么存在这些问题？

天：完美演讲的标准或目标是什么？

道：怎么提升演讲水平？

第三节 ORID法

"ORID焦点讨论法"最早由布莱恩·斯坦菲尔德在《聚焦式会话艺术》一书中提出，又称为焦点呈现法。其要义是在四个层次上进行有焦点的讨论，可以运用于任何的主题。作为一种写作结构，它也非常经典，可以与全面说过的"钻石法则"的"立题"对应起来。

O（Objective）客观性层次。描述目前面临的事实、问题与外在的客观情况——"客观是什么"。

R（Reflective）反应性层次。面对外在的事实时体会到的内在反应，即判断、态度、观点等——"主观是什么"。

I（Interpretive）诠释性层次。解释主观判断，寻找原因、意义、价值、重要性和理由——"主观为什么"。

D（Decisional）决定性层次。说明解决问题的建议、对策、措施、办法和决定等——"怎么办"。

把"ORID法"简化，其逻辑就是：事实——观点——原因——对策。

"ORID法"与"空—雨—伞"法的区别是什么呢？其实它们可以说是一个模式，但是，"ORID法"把"空"分成了"客观是什么"（事实）和"主观是什么"（观点）两个部分，在"为什么"部分紧扣观点展开论证。比如上一节的《ETC遇到的问题需系统解决》，开头两个自然段，包括

"客观是什么"（ETC的发展成果）和"主观是什么"（对成果的评价）。

大多数的新闻评论也会采用这个模式：

开篇写"据媒体报道，某地发生了一件××事情"，就是O，在讲"客观是什么"。

接着表明作者对事件的基本观点，就是R，在讲"主观是什么"，比如认为它是一件好事，或坏事，也就是对事件进行表态、评价。

然后论证自己的观点，就是I，通过事例、数据、理论、名人名言等进行论证。

最后，在结尾写一段建议，就是D，也就是"怎么办"。

以欣赏艺术作品时的感受发展为例。欣赏一幅绘画作品时，首先是看到究竟画了什么——客观性层次，接着是心里感受到什么——主观性层次，接下来是结合主观与客观的信息，进行解释——诠释性层次，最后做出决定，是否买下，或者是否喜欢——决定性层次。

"ORID法"符合人的基本认知过程。因此，对一个新闻事件发表意见，遵循这个逻辑；与人聊天或上台发表演讲，也遵循这个逻辑；写作文也可以采用这个经典结构，可以把作文分成四段：

第一段：O（Objective）——客观性。开头，讲"客观是什么"，讲故事，讲经历，也可以讲现象，讲问题，总之，是概述一件事情。注意要特别，要有细节。这一段可长可短。如果故事不够精彩、不够吸引人，就简短一点。

第二段：R（Reflective）——反应性。对前面所讲的内容进行评价、定性，讲"主观是什么"。一定要有自己的观点，也就是对前面所讲的现象、经历、故事等的观点——就是"表态"。这一段一般不用太长。

第三段：I（Interpretive）——诠释性。前面讲了观点，这里跟着解释、证明、诠释观点，也就是讲"为什么"。如果认为某个现象不好，就证明它为什么不好。如果认为某个说法、想法很好，就证明它为什么是好的。如果认为某种行为很特别，就解释它为什么很特别。这一段要以小见大，把一件小事放到更高的层次、更广的范畴思考，也就是见微知著。

第四段：D（Decisional）——决定性。结尾这一段，讲"怎么办"。可以就解决某个问题、达成某个目标、实现某个愿望等，提出具体可行的建议。如果是推销产品，告诉别人怎么购买；如果是推广一个思想，就告诉别人怎么获得；如果是促成一种习惯，就告诉别人怎么养成；如果是提出一种方法，就告诉别人怎么掌握。这一段可以长一些，当然，也可以说一句话进行号召。

第四节 胡适法

"胡适法"是我新命名的表达结构。胡适先生的《中国哲学史大纲》在中国哲学史著作上有重要的地位。他在导言中指出，哲学史有三个目的：明变、求因和评判：

所谓明变，就是在于使学者知道古今思想沿革变迁的线索。所谓求因，即不但要指出这些沿革变迁的线索，还需寻出这些沿革变迁的原因。所谓评判，就是在完成前两项任务的基础上，使学者知道各家学说的价值。

虽然胡适讲的是哲学史，但这个研究方法也同样适用于写作等。因此，在讲故事时，或者在评价一个历史人物、一个历史事件，以及一个刚发生不久的事件时，均可以借助胡适的哲学史研究法：明变、求因、评判。结合"立题"的类型，可以按如下思路构思：

　　明变：什么事？事实与过程如何？（"是什么"）

　　求因：为什么会发生？或为什么要这样做？（"为什么"）

　　评判：这件事产生了什么影响？别人有什么评价？（"是什么"）

第五节　辩证法

　　辩证法是哲学上的认识论和方法论。对于中国人来讲，辩证法是一种相当古老的思维传统，从《易经》《老子》当中，可以找到很多关于辩证法的经典论述。在写作上，也可以使用辩证法，它既是思考法，也是文章的结构工具。

　　针对有争议性的现象、言论或行为，往往会有正反两方面的对立观点。想要发表意见，可能同意某一方观点，也可能觉得双方都有理，那么，这个时候该如何构思和表达呢？

　　按照德国哲学家黑格尔的观点，辩证法是由正题、反题与合题组成的。"正题""反题""合题"其实是绝对精神在不同阶段的表现形式。"正题"必然地派生出它的对立面——"反题"，最终二者都被扬弃成为"统一"的"合题"。

　　黑格尔是这样解释"正反合"逻辑的：一颗麦粒，开始只是麦粒（正），但它实际上已包含了突破自己、否定自己的因素，就是要长成麦苗。当它真的长成麦苗时，就不再是麦粒了，而是达到了麦粒的对立面（反）。麦苗最后还会成熟、结种产生新麦粒。新麦粒不是麦苗，也不同于原来的麦粒，而是两者综合的产物（合）。

　　使用辩证法即"正反合"三个阶段，结合"立题"，可以这样构思文章：

开场——抛出话题（"是什么"，指出两个对立的观点）；

正——正面肯定（"为什么"，有什么好处）；

反——反面否定（"为什么"，有什么不好）；

合——综合平衡（"怎么办"，如何达成正与反的平衡，如何做得

更好）。

第六节　六顶帽子法

"六顶帽子思考法"是由英国心理学家爱德华·德·博诺提出的一种进行头脑风暴的方法。它既是思考法，也是表达法，可以借用这个结构来撰写文章。许多人在理解"六顶帽子法"的时候，过分执着于帽子的颜色，或者纠结于戴上某个颜色的帽子的要求，但是却忘记了每一顶帽子本身在要求什么。六顶帽子的颜色与思路指向如下：

白帽子：事实陈述。

红帽子：措施或目标选择（下面的内容要紧扣此措施或目标）。

黑帽子：负面因素（困难、问题、危害、劣势、局限、风险等）。

黄帽子：正面因素（好处、利益、优势、有利条件等）。

绿帽子：解决办法（具体的怎么办）。

蓝帽子：总结决断。

用"立题"来还原"六顶帽子法"，就会发现，"六顶帽子法"可以与"空—雨—伞"法、辩证法、"四圣谛"法组合。大致思路如下：

白帽子——空——苦：客观是什么？（现状）

红帽子——□——灭：主观是什么？（措施/目标）

黑帽子——雨——集：为什么实现目标很难？（原因）

黄帽子——雨——集：为什么要/能实现目标？（原因）

绿帽子——伞——道：怎么实现目标？（办法）

蓝帽子——最终的决定是什么？

为了更好领悟"六顶帽子法"，下面分析一篇短文，名叫《学好写作，更好表达》。我在其中标注了六顶帽子。

（**白帽子**）我从17岁开始在报纸上发表文章，到目前为止，在各种报纸、杂志发表的文字，写过的公文、书籍的文字，加起来已有几百万，并且出版了10本书。对很多人来讲，写作是一件痛苦的事。有些人似乎天生不喜欢写作，有的人想写却写不出来，有的人写出来了又觉得很糟糕，最后放弃或逃避写作。不会写文章，成为很多人心中的痛。

（**红帽子**）虽然写作可能并不是必需的谋生的手段，但我认为每个人都应该学好写作。

（**黑帽子**）许多人不喜欢、不擅长写作，甚至害怕写作，其实是长期以来中小学不恰当的作文教育所导致的。很多作文教育的理念是错误的，老师没有将有效的写作技巧和方法传授给学生。而我总结的"问答思维"就是一种很好的写作方法。

（**黄帽子**）擅长写作，好处非常多。每个人都有表达的欲望，如果擅长写作，就比别人多了一种表达方式，这是第一个好处。第二个好处在于，写作会促使你更加努力学习，因为没有输入就没有输出。第三个好处在于，如果你的写作水平优于身边的人，你将会有更多的机会脱颖而出。

（**绿帽子**）我认为，要学好写作，必须做到"三多"：第一是多积累。积累来自两个方面，一个是大量阅读书籍，一个是深入体验、观察生活。第二是多总结。不要相信"文无定法"，要从别人的文章和自己的文章中总结语言文字的规律。"问答思维"就是一种有助于写作的、非常有效的工具。第三是多练习。写作其实也是一个技术活儿，写多了自然就驾轻就熟。

（蓝帽子）从现在开始就写作吧，使用"问答思维"开启愉快的写作之旅！

第七节 "SPIN法则"

"SPIN法则"被称为"顾问式销售法则"，是一种提问的方法和技巧，由销售大师尼尔·雷克汉姆创立。"SPIN"是四个英文单词的首字母：

情景性（Situation）

探究性（Problem）

暗示性（Implication）

解决性（Need-Pay off）

"SPIN销售法则"通过提问来挖掘客户的潜在需求，并将客户的潜在需求转变为明确需求。具体来讲就是，在营销过程中运用实情探询、问题诊断、启发引导和需求认同四大类提问技巧来发掘、明确和引导客户的需求与期望，从而不断地推进营销过程，为营销成功创造基础。如果还是不明白，就试试把它们与"立题"对应：

情景性（Situation）——现状——"是什么"

探究性（Problem）——问题——"是什么"

暗示性（Implication）——理由——"为什么"

解决性（Need-Pay off）——目标——"是什么"+办法——"怎么办"

利用"SPIN法则"其实是用五个"立题"组合成一篇文章。比如：

（S：**现状**——"**是什么**"）我在许多场合做过调查，99%的人都害怕写作，或者感到写作困难。换句话说，虽然我们从小学就开始学习写作，但很多人还是没有解决写作难的问题。

（P：**问题**——"**是什么**"）不会写作的人，至少将面临三个问题：就业的路子窄；工作效率低；不得不写的时候非常痛苦。

（I：**理由**——"**为什么**"）如果不会写作，虽然不至于决定生死存亡，但是，它会在某些时候成为你人生的绊脚石。写作，我认为是每个人必备的一种基本能力，而且是可以获得的能力。

（N：**目标**——"**是什么**"+P：**办法**——"**怎么办**"）不需要成为作家，只需要在日常的工作生活中能轻松写出报告、计划、方案、总结之类的文章即可。要实现这样的目标，很简单，就是学习"元写作"课程，加上写100篇文章的练习，从此，写作就不再是困难的事情了。

除了上述这些经典的框架结构之外，还有关于提案陈述的"SCQA法"、关于推销的"FABE法"、关于面试的"STAR法"、美国演讲家博恩·崔西的"PREP法则"、《华尔街日报》记者布隆代尔发明的"六维故事法"等，都可以作为写作谋篇布局的方法。

经典谋篇布局结构方法1

空—雨—伞法

空：××是问题（确认课题） —— 是什么——罗列现象，明确话题

雨：要解决这个问题，必须查明这里才行（深掘课题） —— 为什么——指出问题，分析原因

伞：如果是这样的话，就这么办吧（做出结论） —— 怎么办——指明方向，提出对策

"四圣谛"法

苦：现状是什么？现象、特征、表现、问题等 —— 客观是什么

集：为什么是这个现状原因与理由，主观与客观的分析 —— 为什么

灭：目标是什么不满足于现状，或者希望更好，期望、目标与愿景是怎么样的 —— 主观是什么

道：怎么实现目标？具体的方法、措施、方案、步骤、对策、要求等 —— 怎么办

ORID法

O（Objective）客观性层次。描述目前面临的事实、问题与外在的客观情况 —— 客观是什么

R（Reflective）反应性层次。面对外在的事实时体会到的内在反应，即判断、态度、观点等 —— 主观是什么

I（Interpretive）诠释性层次。解释主观判断，寻找原因、意义、价值、重要性和理由 —— 主观为什么

D（Decisional）决定性层次。说明解决问题的建议、对策、措施、办法和决定等 —— 怎么办

经
典
谋
篇
布
局
结
构
方
法
2

胡适法
- 明变：什么事？事实与过程如何？　　　　　── 是什么
- 求因：为什么会发生？或为什么要这样做？　── 为什么
- 评判：这件事产生了什么影响？别人有什么评价？── 是什么

辩证法
- 开场──抛出话题 ── 是什么：指出两个对立的观点
- 正──正面肯定 ── 为什么：有什么好处
- 反──反面否定 ── 为什么：有什么不好
- 合──综合平衡 ── 怎么办：如何达成正与反的平衡，如何做得更好

六顶帽子法
- 白帽子：事实陈述　　　　　　　　　　── 客观是什么？（现状）
- 红帽子：措施或目标选择（下面的内容要紧扣此措施或目标）── 主观是什么？（措施/目标）
- 黑帽子：负面因素（困难、问题、危害、劣势、局限、风险等）── 为什么实现目标很难？（原因）
- 黄帽子：正面因素（好处、利益、优势、有利条件等）── 为什么要/能实现目标？（原因）
- 绿帽子：解决办法（具体的怎么办）── 怎么实现目标？（办法）
- 蓝帽子：总结决断　　　　　　　　　　── 最终的决定是什么？

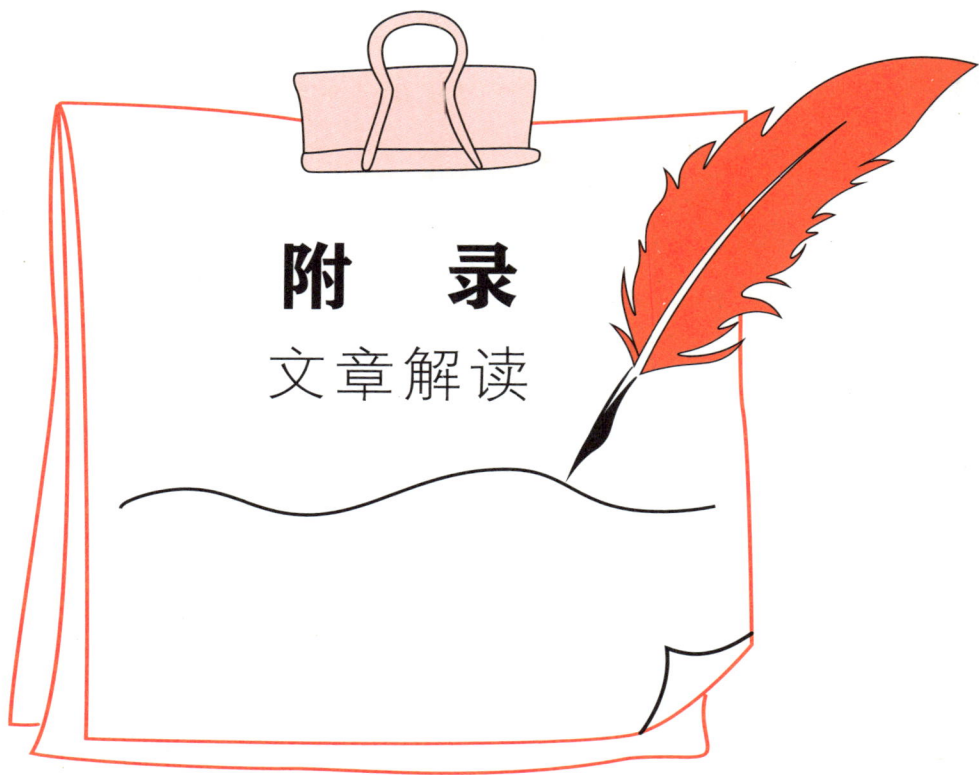

附　录

文章解读

说　明

为了让同学们充分领悟和掌握元写作的方法，我选择了几篇文章进行"问答体解读"。

"问答体解读"，就是把原本是"叙述体"的文章，还原成"问答体"的文章，也就是把字里行间的疑问句呈现出来，让大家可以更好地理解作者的思路，加以学习和借鉴。

通过"问答体解读"，希望大家可以明白，即使是只有陈述句的文章，背后也是隐藏着无数疑问句的，有的甚至连作者都不知道或者完全忽略了。当然，偶尔有些文章里面，本身就会存在一些疑问句，不管是作者不经意留下的，还是自觉的、主动留下的，都可以认为是修辞手法。

"问答体解读"主要从两个方面进行：一是还原被省略的疑问句，把写作思路呈现出来，其中包括整体思路（一个或多个"立题"）和具体的思路（句与句之间的关联）两个层次；二是说明回答疑问的方法，包括直陈观点、举例说明、列举数据、引用名句、概括提炼、分解罗列等。

下面所解读的文章都是名篇佳作，有些来自于语文课文。在选择文章的时候，为了让同学们理解"元写作"理论的广泛适用性，我兼顾了体裁的多样性，既包括散文、议论文等常见的文体，还包括经典的文言文和意象纷呈的现代诗。

敬业与乐业

梁启超（语文人教版初三上册）

整体解读

本文是梁启超先生的一份演讲稿。从逻辑、结构、层次上来看，都非常清晰明了。从演讲角度看，我尤其主张采用这种简单的结构，因为演讲者用声音作为媒介来传递思想，如果结构过于复杂或没有清晰的结构，容易让听众陷于迷惑，完全跟不上思路，不仅增加理解的难度，甚至让听众走神，听不下去。

写作，我也主张使用简单、清晰的结构，尤其是考试的作文。因为评卷老师没有时间慢慢寻找写作者的思路与要点，他们需要一目了然地抓住重点和要点。

本文的结构也属于经典的"总分总"。

开头的"总"，回答了三个问题：第一，题目的由来；第二，在讲敬业、乐业之前，要先说明：为什么要有业？第三，敬业与乐业是针对什么人讲的。

中间部分的"分"，在回答"怎么办"的"立题"：怎么成就自己的事业？这个"立题"作者没有明确地提出来，他只是说"对于自己现有的职业应采何种态度"，但是，作者的答案是，第一要敬业，第二要乐业，这两个句子都有"要"字，以"要"字开头的句子，往往是回答"怎么办"的。

关于"第一要敬业",又分别回答了三个问题:一是什么叫作敬,二是为什么要敬,三是怎么敬。是把"是什么""为什么""怎么办"三个"元问题"串连起来的"空—雨—伞"结构。即使把这一部分独立成一篇文章,它的结构也是非常完整的。后两个问题,作者在文章里都明确地写出了疑问句。

关于"第二要乐业",也分别回答了两个问题:一是不乐业的表现,二是为什么要乐业。这一部分的结构基本上与前一部分相同,只是没有专门讲"怎么办"。关于为什么要乐业,作者在文章里也明确地写出了疑问句。

最后部分的"总",十分简洁,把责任心、趣味同敬业、乐业对应起来,做了一番强调,全文结束。

问答体解读

(**演讲的题目是从哪里来的呢?**[1])我这题目,是把《礼记》里头"敬业乐群"和《老子》里头"安其居,乐其业"那两句话,断章取义造出来的。(**为什么叫断章取义呢?**[2])我所说的是否与《礼记》《老子》原意相合,不必深求;(**为什么要这么做呢?**[3])但我确信"敬业乐业"四个字,是人类生活的不二法门。

[1] 在文章或演讲开始的时候,要解释题目的含义或来源。这是一种最常用的手法。

[2] 既然自称断章取义,就要解释一下"为什么"。

[3] 再解释一下为什么要这么做。

[4]　这一问句是将题目中的词汇进行拆解，聚焦到某一个字或词上，以便引出一个话题。

[5]　为什么必须有业？这也可以算是"立题"，因为它很有探讨的必要。

[6]　引用名人名言后，一般要稍加解释——字面的意思和言外之意。

[7]　再次提出关于名人的问题。这是一个全面性的提问，用来增加说服力。

[8]　追问具体的情况。

[9]　追问更具体的故事。

（演讲的主眼是什么呢？[4]）本题主眼，自然是在"敬"字、"乐"字。（直接讲敬与乐吗？）但必先有业，才有可敬、可乐的主体，理至易明。（怎么办呢？）所以在讲演正文以前，先要说说有业之必要。

（为什么必须有业呢？[5]）孔子说："饱食终日，无所用心，难矣哉！"又说："群居终日，言不及义，好行小慧，难矣哉！"（孔子这是在感叹什么？[6]）孔子是一位教育大家，他心目中没有什么人不可教诲，独独对于这两种人便摇头叹气说道："难！难！"可见人生一切毛病都有药可医，惟有无业游民，虽大圣人碰着他，也没有办法。

（还有什么名人谈过有业之必要呢？[7]）唐朝有一位名僧百丈禅师，他常常用两句格言教训弟子，说道："一日不做事，一日不吃饭。"（他自己是怎么做的呢？[8]）他每日除上堂说法之外，还要自己扫地、擦桌子、洗衣服，直到八十岁，日日如此。（他有什么故事呢？[9]）有一回，他的门生想替他服务，把他这天应做的工悄悄地都做了，这位言行相顾的老禅师，老实不客气，那一天便绝对地不肯吃饭。

（征引儒门、佛门这两段话是想证明什么？[10]）我征引儒门、佛门这两段话，不外证明人人都要有正当职业，人人都要不断地劳作。（你怎么理解正当职业呢？[11]）倘若有人问我："百行什么为先？万恶什么为首？"我便一点不迟疑答道："百行业为先，万恶懒为首。"（为什么你会这么回答？[12]）没有职业的懒人，简直是社会上的蛀米虫，简直是"掠夺别人勤劳结果"的盗贼。（该怎么对待这种人呢？[13]）我们对于这种人，是要彻底讨伐，万不能容赦的。（今日所讲，是针对什么人呢？[14]）今日所讲，专为在职业及正在做职业上预备的人——学生——说法，（目的是什么？[15]）告诉他们对于自己现有的职业应采何种态度。

（对现有的职业应采取何种态度呢？[16]）第一要敬业。（敬是什么意思呢？古今对敬字的理解有何不同？[17]）敬字为古圣贤教人做人最简易、直捷的法门，可惜被后来有些人说得太精微，倒变了不适实用了。（古人谁解得最好？[18]）惟有朱子解得最好，他说："主一无适便是敬。"（用现代话怎么理解？[19]）用现代的话讲，凡做一件事，便忠于一件事，将全副精力集中到这事上头，一点不旁骛，便是敬。业有什么可敬呢？为什么该敬呢？[20]人类一面为生活

[10] 对上面的引用名人名言进行总结性提问。

[11] 问主观的观点。

[12] 观点之后要问"为什么"。

[13] "为什么"之后一般要问"怎么办"。

[14] 讲"怎么办"的问题，要明确主体是谁。

[15] 追问做这次演讲的目的。

[16] 此处进入文章主体，省略了"怎么办"的立题问句。

[17] 先抓住关键字问"是什么"。

[18] "最"式提问，聚焦到某一人身上。

[19] 对古人的话，一般都要进行解释。

[20] 作者自己提出的"为什么"。

[21] 进一步追问"为什么"。

[22] 形成自己的观点。

[23] 观点之后又问"为什么"。

[24] 连续追问"为什么"。

[25] 定性是评价性的提问。

[26] 这种确认式提问,是为了明确观点。

[27] 观点之后又问"为什么"。

[28] 再问观点是什么。接着又问"为什么"。

[29] 这种选择性的问题,可以引出多种可能与条件。这是作者自己的疑问。

而劳动,一面也是为劳动而生活。(**为什么这么说?**[21])人类既不是上帝特地制来充当消化面包的机器,自然该各人因自己的地位和才力,认定一件事去做。(**由此可以得出什么观点?**[22])凡可以名为一件事的,其性质都是可敬。(**为什么都是可敬的?**[23])当大总统是一件事,拉黄包车也是一件事。事的名称,从俗人眼里看来,有高下;事的性质,从学理上解剖起来,并没有高下。(**为什么两件事没有高下之分?**[24])只要当大总统的人,信得过我可以当大总统才去当,实实在在把总统当作一件正经事来做;拉黄包车的人,信得过我可以拉黄包车才去拉,实实在在把拉车当作一件正经事来做,便是人生合理的生活。(**这种状态可以怎么定性?**[25])这叫作职业的神圣。(**职业都是神圣的、可敬的吗?**[26])凡职业没有不是神圣的,所以凡职业没有不是可敬的。(**为什么这么说?**[27])惟其如此,所以我们对于各种职业,没有什么分别拣择。(**对于劳作的基本态度是什么?**[28])总之,人生在世,是要天天劳作的。(**为什么呢?**)劳作便是功德,不劳作便是罪恶。至于我该做哪一种劳作[29]全看我的才能何如、境地何如。(**什么人能够成为天地间第一等人呢?**)因自己的才能、境地,做一种劳作做到圆满,便是天地间第一等人。

怎样才能把一种劳作做到圆满呢？[30]惟一的秘诀就是忠实，忠实从心理上发出来的便是敬。（怎么理解忠实从心理上发出来呢？[31]）《庄子》记佝偻丈人承蜩的故事，说道："虽天地之大，万物之多，而惟吾蜩翼之知。"（这话所讲的道理是什么？[32]）凡做一件事，便把这件事看作我的生命，无论别的什么好处，到底不肯牺牲我现做的事来和他交换。（比如有什么例子呢？[33]）我信得过我当木匠的做成一张好桌子，和你们当政治家的建设成一个共和国家同一价值；我信得过我当挑粪的把马桶收拾得干净，和你们当军人的打胜一支压境的敌军同一价值。

（相同的地方是什么呢？[34]）大家同是替社会做事，你不必羡慕我，我不必羡慕你。怕的是我这件事做得不妥当，便对不起这一天里头所吃的饭。（行为上就会有什么表现？[35]）所以我做这事的时候，丝毫不肯分心到事外。（为什么不肯分心到事外？[36]）曾文正说："坐这山，望那山，一事无成。"（可否举例说明？[37]）……

（总结一下，为什么要敬业？[38]）一个人对于自己的职业不敬，从学理方面说，便亵渎职业之神圣；从事实方面说，一定把事情做糟了，结果自己害自己。所以敬业主义，于人生最为必要，又于人生最为有利。庄子说："用志不分，乃凝于神。"孔子说："素其位而行，不愿乎其外。"

[30] 这是作者自己明确提出的"怎么办"立题。

[31] 首先解释含义是什么。

[32] 对古语的含义进行解释。

[33] 举例来说明道理。

[34] 寻找相同点，这是确认式的提问。

[35] 延续性提问——有了什么，还会发生什么。

[36] 接着追问"为什么"。

[37] 举例说明。

[38] 总结性提问。作者分别从学理与事实两方面回答，而且又用庄子、孔子的观点来加固自己的观点，这种论证方法常见而又实用。

我说的敬业，不外这些道理。

（**对自己现有的职业应采取的第二种态度是什么呢？**^[39]）第二要乐业。（人们对自己的职业往往是怎的评价？）"做工好苦呀！"这种叹气的声音，无论何人都会常在口边流露出来。（你会怎么跟他们说呢？^[40]）但我要问他："做工苦，难道不做工就不苦吗？"（**为什么我们不要轻易叫苦呢？**^[41]）今日大热天气，我在这里喊破喉咙来讲，诸君扯直耳朵来听，有些人看着我们好苦；翻过来，倘若我们去赌钱去吃酒，还不是一样在淘神费力？难道又不苦？（**苦与不苦的根源在哪里呢？**^[42]）须知苦乐全在主观的心，不在客观的事。（**是不是说人生就是受苦？为什么呢？**^[43]）人生从出胎的那一秒钟起到绝气的那一秒钟止，除了睡觉以外，总不能把四肢、五官都搁起不用。只要一用，不是淘神，便是费力，劳苦总是免不掉的。（**怎么才能逃离苦海？**^[44]）会打算盘的人，只有从劳苦中找出快乐来。（**苦人应该怎么分等级呢？**^[45]）我想天下第一等苦人，莫过于无业游民，（具体苦的状态如何？）终日闲游浪荡，不知把自己的身子和心摆在哪里才好，他们的日子真难过。（**第二等苦人是什么？**）第二等苦人，便是厌恶自己本业的人，（他们具体苦的状态又如何？）这件事分明

[39] 此处转入全文的第二个答案。先问一个"主观是什么"的问题。

[40] 追问作者的观点。

[41] 在观点之后问"为什么"。

[42] 在前面的事实基础上，追问问题的根源。

[43] 确认式提问，引出作者自己的观点。

[44] "怎么办"疑问。作者对这个问题只是简单回答，然后就跳到苦的等级了。

[45] 对"苦人"进行划分，这是值得学习的概括提炼的方法。

不能不做，却满肚子里不愿意做。不愿意做逃得了吗？[46]到底不能。结果还是皱着眉头、哭丧着脸去做。这不是专门自己替自己开玩笑吗？（**你认为可以让自己变得不苦吗？**[47]）我老实告诉你一句话："凡职业都是有趣味的，只要你肯继续做下去，趣味自然会发生。"为什么呢？[48]第一，因为凡一件职业，总有许多层累、曲折，倘能身入其中，看它变化、进展的状态，最为亲切有味。第二，因为每一职业之成就，离不了奋斗；一步一步地奋斗前去，从刻苦中得快乐，快乐的分量加增。第三，职业性质，常常要和同业的人比较骈进，好像赛球一般，因竞胜而得快乐。第四，专心做一职业时，把许多游思、妄想杜绝了，省却无限闲烦恼。（**哪一个圣贤有这方面的忠告？**[49]）孔子说："知之者不如好之者，好之者不如乐之者。"人生能从自己职业中领略出趣味，生活才有价值。（**孔子自己做得怎么样？**[50]）孔子自述生平，说道："其为人也，发愤忘食，乐以忘忧，不知老之将至云尔。"这种生活，真算得人类理想的生活了。

（**最后总结，为什么要讲敬业与乐业这个话题呢？**[51]）我生平最受用的有两句话：一是"责任心"，二是"趣味"。我自己常常力求这两句话之实现与调和，又常常把这两句话向我的朋友强聒不舍。（**责任心与趣味，跟敬业和乐业有什**

[46] 这个问题是作者自己提出来的，是内心思路的直接显现。

[47] 确认式提问，引出作者的观点。

[48] 观点之后要问"为什么"。这个"为什么"也是作者提出来的。答案归纳了四个要点。

[49] 为了加强说服力，又引用名人观点。

[50] 追问名人会怎么样。

[51] 如果不在开头，就要在结尾回答为什么写这个题目的理由。

[52]　说明事实与观点
的关系。

么关系？[52]）今天所讲，敬业即是责任心，乐业
即是趣味。我深信人类合理的生活应该如此，我
望诸君和我一同受用！

济南的冬天

老舍（语文人教版初一上册）

整体解读

本文是一篇散文。

本文的结构非常简单，从形式上看，作者采用了"总分"结构。如果把文章的最后一句话独立成段，也可以说是"总分总"结构。

第一、第二两个自然段是开头的"总"，通过北平与济南对比式的描述，得出一个观点：济南这个有山有水的老城，是一个理想的境界。

本文的"立题"就是：为什么说济南是一个理想的境界？

作者从两个方面来进行回答——这就是文章的"分"。

第一个方面讲济南的山，包括文章的第三、第四、第五三个自然段，内容比较丰富；第二个方面讲济南的水，就是文章的第六自然段，即最后一个自然段，内容相对简略。

通过这篇范文可以得知，文章结构越简单清晰越好。

问答体解读

（**你认为北平与济南的冬天有什么不同？**[1]）对于一个在北平住惯的人，像我，冬天要是不刮风，便觉得是奇迹；济南的冬天是没有风声的。（**你认为伦敦与济南的冬天有什么不同？**[2]）对于一个刚由伦敦回来的人，像我，冬天要能看得见日光，便觉得是怪事；济南的冬天是响晴的。（**为什么这么说？**[3]）自然，在热带的地方，日光是永远那么毒，响亮的天气反有点叫人害怕。（**济南的冬天如何？**[4]）可是，在北中国的冬天，而能有温晴的天气，济南真得算个宝地。

（**单单有阳光，算不算出奇呢？**[5]）设若单单是有阳光，那已算不了出奇。（**济南为什么出奇？济南有什么样的风景？**[6]）请闭上眼睛想：一个老城，有山有水，全在蓝天下很暖和安适地睡着，只等春风来把它们唤醒，这是不是个理想的境界？[7]

（**济南的山是什么形状？**[8]）小山整把济南围了个圈儿，只有北边缺着点口儿。（**可以如何比喻呢？**[9]）这一圈小山在冬天特别可爱，好像

[1] 比较式提问，引出特点是什么的答案。

[2] 进一步提出比较式问题。

[3] 在观点之后问"为什么"。

[4] 在一个段落结束时，提出一个评价性的问题，通常用一句话来评价。

[5] 确认式提问。

[6] 答案之后问"为什么"。

[7] 在开篇结束前，提出评价性问题，明确观点是什么。

[8] 此处省略了一个"立题"：为什么济南是一个理想的境界？首先从山开始讲起。

[9] 关于事实的提问。用比较的方式回答。

是把济南放在一个小摇篮里，他们全安静不动地低声地说："你们放心吧，这儿准保暖和。"（**济南人的感觉如何呢？**[10]）真的，济南的人们在冬天是面上含笑的。（**他们看山时是一种什么心情？**[11]）他们一看那些小山，心中便觉得有了着落，有了依靠。（**他们由天上看到山上会想起什么？**[12]）他们由天上看到山上，便不觉地想起："明天也许就是春天了吧？这样的温暖，今天夜里山草也许就绿起来了吧？"（**幻想不能实现他们会怎样？**[13]）就是这点幻想不能一时实现，他们也并不着急，（**为什么呢？**[14]）因为有这样慈善的冬天，干啥还希望别的呢！

　　（**关于这山，最妙的地方是什么？**[15]）最妙的是下点小雪呀。（**下雪后是什么景象？**）看吧，山上的矮松越发的青黑，树尖儿上顶着一髻儿白花，（**这像什么呢？**）好像日本看护妇。（**更多的雪景是怎样的？**[16]）山尖全白了，给蓝天镶上一道银边。山坡上有的地方雪厚点，有的地方草色还露着，这样，一道儿白，一道儿暗黄，给山们穿上一件带水纹的花衣；（**看起来会让你产生什么想象？**[17]）看着看着，这件花衣好像被风儿吹动，叫你希望看见一点儿更美的山的肌肤。（**日落时的景象又如何？**[18]）等到快日落的时候，微黄的阳光斜射在山腰上，那点儿薄雪

[10] 问人的感觉。

[11] 追问心情——"主观是什么"。

[12] 连续追问"是什么"。

[13] 假设性提问。

[14] 在观点之后问"为什么"。

[15] 继续讨论山。采用"最"式提问，聚焦到某一点。接着问事实。

[16] 连续问具体的情况。

[17] 在事实的描述之后，提出"主观是什么"的问题。

[18] 横向拓展提问，问特定时间的事实与表现。

[19] 进一步拓展，问大雪时的景象如何。

[20] 追问"为什么"。

[21] 确认式提问。

[22] 既然说它是一幅画，就要问是谁画的。

[23] 横向跳转话题。先问事实与表现。

[24] 追问特别的时刻的现象。

[25] 追问"为什么"。

[26] 进一步问特别的现象是什么。后面的问题都是不同角度深化细节、丰富内容。

[27] 以确认式提问结束。

好像忽然害了羞，微微露出点儿粉色。（**下大雪会怎么样？**[19]）就是下小雪吧，济南是受不住大雪的，（**为什么呢？**[20]）那些小山太秀气！

　　（**济南的雪景像一张水墨画吗？**[21]）古老的济南，城内那么狭窄，城外又那么宽敞，山坡上卧着些小村庄，小村庄的房顶上卧着点儿雪，对，这是张小水墨画，（**是谁画的呢？**[22]）也许是唐代的名手画的吧。

　　（**济南的水是什么样的风景？**[23]）那水呢，不但不结冰，倒反在绿萍上冒着点儿热气。水藻真绿，把终年贮蓄的绿色全拿出来了。（**天晴时水藻看起来如何？**[24]）天儿越晴，水藻越绿，（**为什么呢？**[25]）就凭这些绿的精神，水也不忍得冻上；况且那些长枝的垂柳还要在水里照个影儿呢。（**水与天连起来是什么景象？**[26]）看吧，由澄清的河水慢慢往上看吧，空中，半空中，天上，自上而下全是那么清亮，那么蓝汪汪的，（**像什么？**）整个的是块空灵的蓝水晶。（**水晶里包着什么？**）这块水晶里，包着红屋顶、黄草山，像地毯上的小团花的小灰色树影。

　　（**这就是济南的冬天吗？**[27]）这就是冬天的济南。

不求甚解

马南邨（语文人教版初三下册）

整体解读

本文是一个标准的议论文，又可以称为杂文。

本文大致可以看成"空—雨—伞"的结构。开头第一到第四自然段在讲"是什么"——不求甚解的来历及含义是什么。第五、六两个自然段在讲"为什么"——通过反面正面两个例子说明为什么读书要做到不求甚解。最后三个自然段在讲"怎么办"——怎么做到不求甚解，而又开卷有益。

问答体解读

（对于不求甚解，一般人的观点是什么？[1]）一般人常常以为，对任何问题不求甚解都是不好的。（你的观点呢？）其实也不尽然。我们虽然不必提倡不求甚解的态度，但是，盲目地反对不求甚解的态度同样没有充分的理由。

[1] 先从一般的观点切入，然后引入自己的观点。而自己的观点又与一般的观点不同。这是许多文章开头的"套路"。

[2] 关于重要观点出处的提问，是一个不可忽略的问题。

[3] 评价式提问。

[4] 继续追问评价，引出作者的观点。

[5] 关于重要性的提问，引出一个观点。

[6] 紧接着追问"为什么"。

[7] 然后问"怎么办"。

[8] 判断式提问，确认观点。

[9] 这是在问"怎么办"。

（**不求甚解是谁说的？**[2]）不求甚解这句话最早是陶渊明说的。（**出自什么文章？**）他在《五柳先生传》这篇短文中写道："好读书，不求甚解；每有会意，便欣然忘食。"（**这话的意思说清楚了吗？**[3]）人们往往只抓住他说的前一句话，而丢了他说的后一句话，因此，就对陶渊明的读书态度很不满意，这是何苦来呢？他说的前后两句话紧紧相连，交互阐明，意思非常清楚。（**你怎么评价这句话？**[4]）这是古人读书的正确态度，我们应该虚心学习，完全不应该对他滥加粗暴的不讲道理的非议。

（**养成好读书的习惯重要吗？**[5]）应该承认，好读书这个习惯的养成是很重要的。（**为什么重要？**[6]）如果根本不读书或者不喜欢读书，那么，无论说什么求甚解或不求甚解就都毫无意义了。因为不读书就不了解什么知识，不喜欢读也就不能用心去了解书中的道理。一定要好读书，这才有起码的发言权。（**怎么才能了解书中的道理？**[7]）真正把书读进去了，越读越有兴趣，自然就会慢慢了解书中的道理。（**能一下子读懂所有的书吗？**[8]）一下子想完全读懂所有的书，特别是完全读懂重要的经典著作，那除了狂妄自大的人以外，谁也不敢这样自信。（**读书的要诀是什么？**[9]）而读书的要诀，全在于会意。

（关于会意，陶渊明有他的见解吗？[10]）对于这一点，陶渊明尤其有独到的见解。（陶渊明读书有会意时有什么表现？）所以，他每每遇到真正会意的时候，就高兴得连饭都忘记吃了。

（为什么陶渊明主张读书要会意，却又说不求甚解呢？[11]）这样说来，陶渊明主张读书要会意，而真正的会意又很不容易，所以只好说不求甚解了。（不求甚解的含义究竟是什么呢？[12]）可见这不求甚解四字的含义，有两层：（第一层含义是什么？）一是表示虚心，（为什么要虚心呢？[13]）目的在于劝诫学者不要骄傲自负，以为什么书一读就懂，实际上不一定真正体会得了书中的真意，还是老老实实承认自己只是不求甚解为好；（第二层含义是什么呢？[14]）二是说明读书的方法，（怎么正确读书呢？[15]）不要固执一点，咬文嚼字，而要前后贯通，了解大意。（这两层含义都重要吗？[16]）这两层意思都很重要，值得我们好好体会。

（为什么读书要做到不求甚解呢？有什么例子来说明吗？[17]）列宁就曾经多次批评普列汉诺夫，说他自以为熟读马克思的著作，而实际上对马克思的著作却做了许多曲解。（怎么正确阅读经典呢？从态度上该怎么办呢？[18]）我们今天对于马克思列宁主义的经典著作，也应该抱虚心的

[10] 在一个观点之后，追问某个特定人物的见解与表现。

[11] 继续追问特定人物的观点。

[12] 对核心观点进行解释，明确含义。此处清晰地概括了两层含义。

[13] 在观点之后追问"为什么"。

[14] 继续第二个方面的提问。

[15] 观点之后问"怎么办"。

[16] 确认式提问，明确其重要与否。

[17] 这里开始"为什么"的立题及回答。下面举了反面和正面两个例子来回答。

[18] 在回答"为什么"的大思路方面，讲到了"怎么办"。

态度，切不可以为都读得懂，其实不懂的地方还多得很哩！要想把经典著作读透，懂得其中的真理，并且正确地用来指导我们的工作，还必须不断努力学习。（从方法上讲应该怎么办呢？[19]）要学习得好，就不能死读，而必须活读，就是说，不能只记住经典著作的一些字句，而必须理解经典著作的精神实质。

[19] 继续追问"怎么办"。

（关于读书不求甚解，古人有什么成功的经验呢？[20]）在这一方面，古人的确有许多成功的经验。（有什么著名人物的经验可以分享？）诸葛亮就是这样读书的。据王粲的《英雄记钞》说，诸葛亮与徐庶、石广元、孟公威等人一道游学读书，（诸葛亮的经验是什么？[21]）"三人务于精熟，而亮独观其大略"。（诸葛亮的经验高明吗？）看来者葛亮比徐庶等人确实要高明得多，（为什么？）因为观其大略的人，往往知识更广泛，了解问题更全面。

[20] 这是在继续回答"为什么读书要不求甚解"。前一个例子是外国人，这里找一个中国古人的例子。

[21] 先问诸葛亮的经验是什么，接着又进行评价式提问，评价后又问"为什么"。

（不求甚解就是马马虎虎、不认真吗？[22]）当然，这也不是说，读书可以马马虎虎，很不认真。绝对不应该这样。（为什么？）观其大略同样需要认真读书，只是不死抠一字一句，不因小失大，不为某一局部而放弃了整体。

[22] 从这里开始讲"怎么做到不求甚解"。同开头一样，先提出反面的观点，再说出自己的观点。然后问"为什么"。

　　（还有什么著名人物的经验可以分享？[23]）宋代理学家陆象山的语录中说："读书且平平读，未晓处且放过，不必太滞。"（这句话是什么意思？[24]）这也是不因小失大的意思。（这跟不求甚解有什么关系？[25]）所谓未晓处且放过，与不求甚解的提法很相似。放过是暂时的，最后仍然会了解它的意思。

　　（该怎么看书呢？[26]）经验证明，有许多书看一遍两遍还不懂得，读三遍四遍就懂得了；或者一本书读了前面有许多不懂的地方，读到后面才豁然贯通；有的书昨天看不懂，过些日子再看才懂得；也有的似乎已经看懂了，其实不大懂，后来有了一些实际知识，才真正懂得它的意思。

（总结该怎么读书呢？[27]）因此，重要的书必须常常反复阅读，（为什么？[28]）每读一次都会觉得开卷有益。

[23]　又通过古人的例子来讲怎么做到不求甚解。

[24]　引言之后，要问其含义。

[25]　追问与主要观点的关系。

[26]　继续追问以不求甚解的方式怎么看书。作者分了四种情况来回答。

[27]　总结提问。继续问"怎么办"。

[28]　在"怎么办"之后追问"为什么"。

伤仲永

王安石

整体解读

选择文言文进行"问答解读"，是为了证明"元写作"的广泛适用性。其实，文言文与白话文的区别，主要是语体不同，二者的内在逻辑还是一样的。

本文是一篇散文，总共三个自然段。

第一段记述方仲永的故事——这些都是听来的。第二段讲作者自己与方仲永的交集。第三段则是作者的评论，即由方仲永的故事所引发的思考。

在本书中讲过"胡适法"——明变、求因、评判。这种结构，除了用于评论文章之外，其实也是许多记叙文，甚至散文的手法，先讲一个故事——明变，接着分析原因——求因，最后说这个故事告诉我们什么道理——评判。

这篇文章也是这个结构。

问答体解读

（仲永是哪里人？[1]）金溪民方仲永，（家世如何？）世隶耕。（哪一年发生了什么奇怪的事情？[2]）仲永生五年，未尝识书具，忽啼求之。（他的父母有什么反应？）父异焉，借旁近与之，（仲永做了什么事？）即书诗四句，并自为其名。（诗的内容是什么？）其诗以养父母、收族为意，（诗写得如何？[3]）传一乡秀才观之。（仲永表现如何呢？[4]）自是指物作诗立就，其文理皆有可观者。（当地人的反应如何？）邑人奇之，稍稍宾客其父，或以钱币乞之。（仲永的父母又是怎么做的呢？）父利其然也，日扳仲永环谒于邑人，不使学。

（你听说这件事很久了吗？[5]）余闻之也久。（你何时见过仲永？）明道中，从先人还家，于舅家见之，十二三矣。（你有没有让他作诗？他的表现如何？[6]）令作诗，不能称前时之闻。（后来你还打听过仲永的情况吗？）又七年，还自扬州，复到舅家问焉，（仲永怎么样？[7]）曰"泯然众人矣。"

[1] 记人的文章，常常从"他是哪里人"问起。

[2] 问他有什么特别之处。其实是问"为什么要说这个人"。后面一环扣一环，深入挖掘故事的内容。

[3] "传一乡秀才观之"似乎缺一句评价。

[4] 再问仲永的表现、当地人的反应、父母的做法。这样变换角色挖掘，值得学习。

[5] 转到跟作者相关的问题。探讨彼此的关联性。

[6] 既然见过，就要问彼时的行为。然后提出时间性问题，关注后来的情景。

[7] 确认式提问，了解结果。

[8] 转入评价。问作者的观点。

[9] 观点之后问"为什么"。

[10] 连续追问"为什么"。

[11] 文章以有什么启发结尾，比较常见。

（**你对此事有什么评论？你认为仲永的聪明源于什么？**[8]）王子曰：仲永之通悟，受之天也。（**为什么这么说？**[9]）其受之天也，贤于材人远矣。（**为什么后来又变成普通人了呢？**[10]）卒之为众人，则其受于人者不至也。（**仲永事件给了我们什么启发？**[11]）彼其受之天也，如此其贤也，不受之人，且为众人；今夫不受之天，固众人，又不受之人，得为众人而已耶？

再别康桥

徐志摩

整体解读

用"元写作"的方法来解构现代诗，是前人没有做过的尝试。

在大多数人的眼中，诗歌是不讲逻辑的，诗是意象的叠加，是情绪的宣泄，是思绪的飞扬，是逻辑的敌人，是规则的破坏者，是秩序的终结者……尤其是朦胧诗，更是一些说不清道不明的东西，在借助语言流淌。

当现代诗有很多形式，有的思路清晰，有的思路晦暗，不可一概而论。实际上，有很多诗都可以用"问答思维"解构。

《再别康桥》的思路其实很简单，也是回答了三个"元问题"：

"是什么"：诗人再别康桥时的心情如何？不舍。

"为什么"：为什么对康桥不舍？通过一番回忆作答。

"怎么办"：既然不舍，诗人会怎么办呢？挥挥手，不带走一片云彩。

问答体解读

（告别康桥是一种什么心情？[1]）轻轻的我走了，

（与来时一样吗？[2]）　　　正如我轻轻的来；

（以什么姿态告别？）　　　我轻轻的招手，

（与谁作别？）　　　　　　作别西天的云彩。

[1] 一件事情正在发生或即将发生，通常要问当事人的心情如何。

[2] 接着要问当事人将会怎么做。

[3] 确认事实之后，就会问"为什么"，并且连续追问"为什么"。	（为什么不舍？[3]） （它像什么？） （还有什么让你不舍？[4]） （为什么？）	那河畔的金柳， 是夕阳中的新娘； 波光里的艳影， 在我的心头荡漾。
[4] 拓展式提问，丰富内容。		
[5] 继续追问"为什么"。	（还为什么不舍？[5]） （它是什么模样？[6]） （会让人怎么样？）	软泥上的青荇， 油油的在水底招摇； 在康河的柔波里， 我甘心做一条水草！
[6] 追问细节。		
[7] 继续追问"为什么"。	（还为什么不舍？[7]） （它像什么？[8]） （那是什么？）	那榆荫下的一潭， 不是清泉，是天上虹； 揉碎在浮藻间， 沉淀着彩虹似的梦。
[8] 追问细节。		
[9] 继续追问过去的故事。	（你曾经如何寻梦？[9]） （寻到了吗？） （你是什么心情？）	寻梦？撑一支长篙， 向青草更青处漫溯； 满载一船星辉， 在星辉斑斓里放歌。
[10] 回到现实，问"怎么办"。	（你要放歌吗？[10]） （为什么？[11]） （还因为什么？[12]）	但我不能放歌， 悄悄是别离的笙箫； 夏虫也为我沉默， 沉默是今晚的康桥！
[11] "怎么办"之后追问"为什么"。		
[12] 连续追问"为什么"。		

（你将怎么离开？[13]）　悄悄的我走了，

正如我悄悄的来；

（你不带走什么吗？[14]）我挥一挥衣袖，

不带走一片云彩。

[13] 结尾时问"怎么办"。

[14] 确认式提问收尾。

后　记

作文究竟有多难？一般人从小学开始就学习写作，直到大学毕业，虽然十来年的时间都在学习写作，但是，绝大多数人还是觉得自己不会写文章。有些人因为觉得自己不会写文章就认为自己天生不具备写文章的技能；有些人因为不会写文章而在工作的选择上严重受限；有些人因为不会写文章而在工作时感觉力不从心。

作文或写作真的那么难吗？在我看来，人们普遍觉得作文很难，只是因为没有找到好方法。

作文是一件很简单的事！

我认为，绝大多数的人只要学了"元写作"的方法，就不会再觉得写作很难了。从发现"元写作"的方法开始，我有了一个新的使命，就是不遗余力地推广"元写作"，借助线下的各种机会，利用线上的各种平台，向学生、家长、语文老师、写作爱好者，传播"元写作"理论，尤其是要从娃娃抓起，要让孩子自信地说：妈妈，我再也不害怕写作文了！

我希望——

中小学生读了这本书，从此不再害怕写作文；

语文老师读了这本书，可以教会学生写作文；

家长朋友读了这本书，可以指导孩子写作文；

职场人士读了这本书，可以轻松自由地写作。

樊荣强

2023年5月30日